David Brunner

10 Dinge, die du besser nicht glauben solltest

DAVID
BRUNNER

10 DINGE, DIE DU BESSER NICHT GLAUBEN SOLLTEST

Brendow
Verlag | Alles, was Sinn macht!

Bibliografische Information der Deutschen Nationalbibliothek
Die Deutsche Nationalbibliothek verzeichnet diese Publikation in der Deutschen Nationalbibliografie; detaillierte bibliografische Daten sind im Internet über http://dnb.d-nb.de abrufbar.

ISBN 978-3-86506-936-8

Einbandgestaltung: Brendow Verlag, Moers
Titelfoto: fotolia jdoms
Satz: Brendow Web & Print, Moers
Druck und Verarbeitung: CPI – Clausen & Bosse, Leck
Printed in Germany

www.brendow-verlag.de

INHALT

1. DU KANNST ETWAS TUN, DAMIT GOTT DICH MEHR LIEBT

Ich habe zwei wunderbare Kinder, und manchmal überkommt mich so ein ganz besonderer Papa-Moment. Da nehme ich die beiden – okay, manchmal auch der Reihe nach – in den Arm, drücke sie ganz herzlich und sage ihnen: „Weißt du was? Ich hab' dich total lieb!" Und gerade meine Tochter muss mich nur mit einem schelmischen Grinsen (ja, sie kommt nach ihrem Papa) anschauen und spitz fragen: „Warum?"

Dann fange ich an, alles Mögliche aufzuzählen. „Weil du so schön lachst. Weil du ein ganz schlaues Mädchen bist. Weil du so funkelnde blaue Augen hast (die sind der Wahnsinn!). Weil ich so viel Quatsch mit dir machen kann." Und dann komme ich ins Grübeln, auch wenn meine Tochter jede einzelne Aussage mit einem ihrer Wenn-sie-mal-zehn-Jahre-älter-ist-wird-sie-den-Jungs-den-Kopf-verdrehen-Blicke quittiert und dabei lacht. Aber ist es wirklich so, dass ich meine Tochter deswegen liebe? Immer wieder tappe ich in diese Falle und denke dann: „Nein, deswegen liebe ich meine Tochter doch nicht. Sie muss doch nichts tun oder an sich haben, um sich meine Liebe zu verdienen!"

Und dann hole ich tief Luft und sage ihr: „Und weißt du was? Ich liebe dich so sehr, weil du einfach so bist, wie du bist!" Dann lächeln wir uns beide an, ich drücke sie ganz fest – und dann machen wir irgendeinen Quatsch. War ja klar.

Ist dir schon mal aufgefallen, dass viele Aussagen über uns Christen im Neuen Testament in der „Seins"-Form stehen?

„Seht doch, wie groß die Liebe ist, die der Vater uns schenkt! Denn wir dürfen uns nicht nur seine Kinder nennen, sondern wir sind es wirklich." (1. Johannes 3,1).

Diese Liebe Gottes ist ein Geschenk. Nun haben Geschenke es ja in sich. Die einen Geschenke erfreuen unser Herz ungemein und die anderen Geschenke freuen sich schon auf den Flohmarkt oder das Schrottwichteln.

Und die Liebe Gottes? Mehr geht nicht. Wirklich nicht. Wir Menschen sind ohnehin unheilbar liebesbedürftig. Unser Herz sehnt sich danach, geliebt zu werden. Zu viele Dinge zerren, rütteln und stoßen an unserem Herzen und lassen es immer und immer wieder verletzt, benutzt und geschunden zurück. Dann liegt es wie ein Häufchen Elend enttäuscht und traurig in der Ecke und wartet darauf, dass Liebe vorbeikommt und sich seiner annimmt.

Wir benötigen Balsam nicht nur für unsere Seele, sondern auch für unser Herz. Und dieser Balsam für unser Herz heißt Liebe. Machen wir uns doch nichts vor: An jedem einzelnen Tag unseres Lebens hören wir Worte, erleben Situationen oder sehen Dinge, die unser Herz schwer machen und wieder ein bisschen mehr an ihm zerren, rütteln und stoßen. Und dann können wir uns schlecht hinsetzen und sagen: „Liebes Herz, ich weiß, dir geht es gerade nicht so gut. Das verstehe ich. Aber jetzt ist auch mal wieder gut. Komm raus und steh auf! Du bist gesund, geheilt und wieder intakt. Los. Schlage höher!"

Wie schön wäre es, wenn es so einfach ginge. Geht es aber nicht. Deswegen wird uns dieser Balsam der Liebe immer von jemand anderem auf unser Herz aufgetragen. Das sind zum einen Menschen, die in wirklich uneigennütziger Absicht uns mit ihrer Liebe überschütten. An dieser Stelle verweise ich schon einmal auf die Nebellichter in Kapitel 10.

In erster Linie ist es aber natürlich Gott selbst, der unser Herz berührt, pflegt und heilt, wie kein anderer es jemals tun kann.

„Liebe" ist ja so ein Wort, das für alles Mögliche und Unmögliche gebraucht wird. Manche verbinden mit Liebe den romantischen Sonnenuntergang, andere wiederum die Schnulze im Fernsehen und wiederum andere den großen Held einer Gut-gegen-Böse-Erzählung.

Von allem ein bisschen und doch viel mehr – so verhält es sich mit der Liebe, mit der Gott dich liebt. Und zwar jetzt in diesem Moment, in dem du diese Zeilen liest.

Diese Liebe hat eine ganz besondere Auswirkung: Sie schenkt uns unsere Identität. Viel zu schnell meinen wir, uns von Dingen abhängig zu machen, die uns vor Augen sind. Besitz, Beruf, Familie, Fähigkeiten. Wir beginnen, darin zu angeln. Wir werfen den Köder unserer Bedürfnisse aus und suchen in diesen Teichen nach Anerkennung und Zuspruch: „Du bist ein toller Papa!", oder: „Dein Einsatz im Unternehmen ist Gold wert!", oder: „Niemand kann so punktgenau und zuverlässig Dinge reparieren, wie du es kannst!" Wie schön, wenn Menschen uns das sagen. Aber wehe, wir suchen unsere Identität darin. Dann begeben wir uns viel zu schnell in eine Abhängigkeit und versuchen, die „Liebe" der anderen dadurch zu verdienen, dass wir genau in diesen Bereichen noch einen Gang hochschalten.

Und unweigerlich überträgt sich dieses Liebesverständnis auch auf Gott. Wir meinen, noch einen – natürlich frommen – Gang hochschalten zu müssen, um Gottes Liebe zu ergattern. Müssen wir aber nicht. Gott selbst bremst uns aus, indem er uns seine Liebe einfach *schenkt*. Und das Beste, was wir mit Geschenken tun können, ist: auspacken! Und zwar schnell. So wie Kinder, die sich von einem noch so schönen und bunten Geschenkpapier nicht beeindrucken lassen und sofort an das eigentliche Geschenk ranwollen. Ich kann sie so gut verstehen – und mache es auch nicht anders.

Wo wir oft in trüben Teichen fischen, um unsere Identität zu finden, schenkt uns Gott seine Liebe und schreibt uns dadurch unsere Identität zu: Kind Gottes! Das klingt nicht groß, ist aber eine Identitätszuschreibung, die wir uns nicht verdienen können und die eine Tiefe in sich birgt wie nichts anderes.

Diese Identität „Kind Gottes" ist aber – sie wird nicht. Es heißt ja nicht: „Wir werden Kinder Gottes. Später. Irgendwann mal."

Wir sind es.

Und das fällt uns postmodernen Multitaskingkönigen so unglaublich schwer: zu sein. Wir tun lieber etwas. Wir nehmen die Dinge lieber in die Hand. Aber einfach sein – das geht nun wirklich zu weit.

Versuch es doch mal. Leg das Buch jetzt mal zur Seite (aber nimm es danach bitte wieder zur Hand) und sei einfach. Nichts tun. Nichts machen. Nichts denken. Nichts planen. Sein. Wie lange hältst du es wohl aus?

Es ist wirklich schwierig geworden, in unserer reizüberfluteten Gesellschaft einfach zu sein. Mir fällt das auch sehr schwer. Was bin ich froh, gerade das Manuskript dieses Buches schreiben zu können ...

Und wenn es uns schwerfällt, einfach zu sein, dann fällt es uns logischerweise auch schwer, einfach in Gottes Liebe zu sein. Und wenn wir das nicht können, versuchen wir, diesen Zustand zu verändern.

Warum eigentlich? „Du kannst etwas tun, damit Gott dich mehr liebt!" Dass du das nicht glauben sollst, unterschreibst du wohl sofort. Oder vielleicht doch nicht? Wie stehst du denn zu dieser Aussage, die doch irgendwie allgegenwärtig ist? Schauen wir uns die großen Weltreligionen an. Da geht es doch um nichts anderes. Von stundenlanger Meditation über extreme Askese bis hin zu Selbstmordattentaten – die Menschen versuchen auf ihre Weise, einem Gott zu gefallen und seine Liebe zu ergattern, derer sie sich aber nie 100 % sicher sein können. Gibt es ein „genug"? Gibt es eine Menge an Liebesergatterungsversuchen, die ausreicht, um die Liebe eines Gottes dann doch zu bekommen? Dieses Schema funktioniert in keiner einzigen der Weltreligionen. Schon gar nicht im christlichen Glauben. Und doch versuchen es so viele Christen immer wieder und sind davon getrieben und bestimmt, und viele leiden auch darunter, dass sie etwas tun könnten, dass Gott sie mehr liebt.

Wie verhält es sich denn mit dir? Glaube mir, ich habe schon viele Christen kennengelernt, die meinten, „Ich muss aber in der Bibel lesen", oder „Ein Sonntag ohne Gottesdienst geht gar nicht" – um Gott besser zu gefallen und damit er sie mehr liebt. Und dann gibt es die ganzen Superfrommen, die dir ganz genau sagen können, was du zu tun oder zu lassen hast, damit Gott dich mehr oder weniger liebt. Unglaublich. Woher wissen sie das eigentlich?

Sie richten so viel Schaden in der Seele einzelner Menschen an, dass es mir manchmal zugegebenermaßen sehr schwerfällt, die Contenance zu wahren.

Nicht dass du mich jetzt falsch verstehst: Ich bin davon überzeugt, dass es wunderbar ist, in der Bibel zu lesen, und möchte dich dazu ermutigen, das zu tun, wie auch sonntags den Gottesdienst zu besuchen. Aber glaubst du im Ernst, dass du Gott damit imponieren könntest?

Meine beiden Kinder können nichts, aber auch gar nichts tun, damit ich sie mehr liebe. Sie können übrigens auch nichts tun, dass ich sie weniger liebe. Zwar stellen sie das durch Chaos im Kinderzimmer, Chaos am Essenstisch, Nicht-ins-Bett-gehen-Wollen und herzhaftes „Aber Papa, warum?" auf die Probe – aber sie schaffen es nicht. Sie schaffen es einfach nicht, dass ich sie weniger liebe. Sie müssen sich aber auch nicht anstrengen, damit ich sie mehr lieben würde. Das geht nämlich gar nicht.

Was wünschte ich mir, dass wir Christen einfach die Liebe Gottes in uns lassen. Und gleichzeitig alles Imponiergehabe sein lassen. Dass wir eben nichts tun, um Gottes Liebe zu verdienen. Weder der Gottesdienstbesuch noch das Lesen in der Bibel, weder das Kuchenbacken für das Gemeindefest noch den ehrenamtlichen Putzdienst in der Gemeinde. Weder die Mitarbeit in der Jugendarbeit noch die Gestaltung der Gemeinde als Hauptamtlicher.

Sondern dass wir in den Gottesdienst gehen, um Gott anzubeten, in der Bibel lesen, um seinen Willen für unser Leben zu erkennen, Kuchen backen, weil er besser schmeckt, als wenn ich ihn backen würde, die Gemeinderäume putzen, weil auch wir sie dreckig machen, in der Jugend mitarbeiten, weil wir Jugendlichen helfen wollen und als Hauptamtliche dienen, weil wir dazu berufen sind. Ist doch eigentlich nicht so schwierig, oder? Zumindest der Teil mit dem Kuchen ...

Entweder sind wir nicht ganz auf dem richtigen Dampfer, weil wir versuchen, Gottes Liebe für uns zu vergrößern. Oder wir sind Masochisten und versuchen so zu leben, dass Gott uns weniger liebt – was ohnehin nicht geht.

Du lachst, während du diese Zeilen liest? Leider gibt es Menschen, die genau das versuchen. Vielleicht sind es Erfahrungen aus ihrer Kindheit, Erlebnisse mit der Kirche, ein falsch verstandenes Gottesbild oder eine innere Resignation – die Gründe sind zahlreich. Aber sie versuchen wirklich, so zu leben, dass Gott sie weniger liebt. Das Verrückte dabei ist: Auch das geht gar nicht.

Und doch scheinen sie eine Art Spielchen zu spielen: „Wie Gott mir, so ich ihm." Oder so ähnlich. Auf jeden Fall fühlen sie sich von Gott und der Welt verlassen und meinen, es zumindest Gott gegenüber durch strikte Nichtbeachtung auch zeigen zu müssen.

Drehen wir die Nicht-liebenswert-Spirale doch mal ganz weit runter und stellen uns den schlimmsten Menschen vor, den man sich vorstellen kann (nein, nicht deine Schwiegermutter! Ich rede von wirklich schlimm). Genauer gesagt: Er sollte schlimmer sein als du.

Glaubst du, dass Gott diesen Menschen weniger liebt als dich? Die Antwort ist: Nein, Gott liebt euch beide ganz genau gleich. Das ist für unseren Verstand einfach too much. Nach menschlichem Ermessen machen wir es doch ähnlich wie die blinde Justitia, die eine Waage in der Hand hält. Und je nachdem, auf welcher Seite das Gewicht größer wird, schlägt die Waage aus. Und wir meinen ja schon irgendwie, dass Gott alle Menschen gleich liebt. Aber kann er wirklich einen Schwerverbrecher genauso lieben wie mich?

Das ist schwer zu verstehen. Richtig. Mit unserem Verstand alleine können wir das auch nicht fassen, weil wir ein Problem haben: Wir können nur menschlich von Gott reden und denken. Klingt logisch, oder? Das bedeutet, wir können nur die Erklärungsmuster an Gott anlegen, die wir auch an Menschen anlegen. Und da sind wir doch wie kleine Kinder: „Der hat mir mein Spielzeug weggenommen, also bin ich jetzt nicht mehr sein Freund." Und drei Tage später verabreden die Mütter ihre Kinder zum gemeinsamen Spielen. Das geht bei Kindern manchmal ganz schnell.

Bei Erwachsenen ist das etwas subtiler: Er war nicht da, als ich ihn brauchte. Sie meldet sich nie, wenn ich ihr schreibe. Er hat keine Zeit für mich. Schon seit Jahren schuldet er mir jede Menge Geld. Ich werde das Gefühl nicht los, dass sie es auf meinen Mann abgesehen hat. Bis heute verzeihe ich ihr nicht, was sie damals vor vielen Jahren auf der Party vor allen anderen über mich sagte.

Ja, das sind Verletzungen, die sehr tief gehen können. Wirklich. Ich will sie überhaupt nicht kleinreden. Und weil wir solche menschlichen Muster an Gott anlegen, geschieht es ganz schnell, dass wir meinen, viel zu schuldig, viel zu unwürdig, viel zu menschlich zu sein, als dass Gott uns noch lieben könnte.

Oder aber wir gehen eben in die andere Richtung. Wir halten es schier nicht aus, dass Gott uns liebt. Zwar predigen wir das jeden Sonntag, hören es jeden Sonntag, lesen viele

Bücher darüber – aber leben tun wir es nicht wirklich. Und das finde ich äußerst schade. Denn nichts in dieser Welt kommt der Liebe gleich, die der Schöpfer des Universums zu jedem einzelnen Menschen hat. Sie ist so groß, dass es ihn sein Ein und Alles kostete: „Denn Gott hat die Menschen so sehr geliebt, dass er seinen einzigen Sohn für sie hergab. Jeder, der an ihn glaubt, wird nicht zugrunde gehen, sondern das ewige Leben haben." (Johannes 3,16)

Es gab mal eine Zeit, in der war nichts – also fast nichts. Es war: Gott. Und er sagte: „Es werde!" Und es wurde. Tatsächlich.

Hell und Dunkel. Himmel und Wasser. Erde und Meer. Die Natur mit unzähligen Bäumen, Büschen und Pflanzen aller Art. Sonne, Mond, Sterne. Galaxien mit Millionen von Sternen. Tiere im Wasser, Tiere in der Luft, Tiere auf dem Land – und zu guter Letzt: der Mensch. Von dem heißt es auch noch: „Was ist da schon der Mensch, dass du an ihn denkst? Wie klein und unbedeutend ist er, und doch kümmerst du dich um ihn. Ja, du hast ihm eine hohe Stellung gegeben – nur wenig niedriger als die Engel. Mit Ruhm und Ehre hast du ihn gekrönt." (Psalm 8,5 + 6)

Sag mal: Glaubst du immer noch, dass du irgendetwas tun könntest, um diesem Gott zu gefallen? Glaubst du im Ernst, dass irgendeine deiner frommen Taten ihn dazu bewegen könnte, dich *mehr* zu lieben? Das ist undenkbar. Das ist grotesk. Das ist schlicht und einfach Unsinn.

Der Witz ist: Du kannst auch nichts tun, damit Gott dich *weniger* liebt. Denn auf der anderen Seite ist es dieser Schöpfer des ganzen Universums, der dich liebt. Ich meine – das schaffen wir gar nicht, zu verstehen.

Es fällt uns ja schon schwer zu verstehen, warum unser Partner uns liebt – bei den ganzen Macken, die wir so an und in uns haben. Da reicht es aus, dass wir menschliche Liebe nicht messen oder erklären können.

Wie viel weniger können wir dann göttliche Liebe messen!

Und wir brauchen es auch nicht, denn sie würde ohnehin immer konstant den gleichen Pegelstand anzeigen: maßlos!

Das geht ganz schwer in unseren Kopf hinein – und deswegen sind wir versucht, Dinge „für Gott“ zu tun, die uns besser vor ihm dastehen lassen. Das ist ganz menschlich. Wir halten es nicht aus, einfach zu sein. Wir müssen etwas tun. In unserer heutigen Reizüberflutungsgesellschaft ohnehin. Mich wundert es nicht, dass immer mehr „Ich bin dann mal weg“-Angebote sich großer Resonanz erfreuen: stille Tage im Kloster, ein Wochenende in der Natur oder ein bewusstes Abschalten aller technischen Geräte. Man könnte meinen, wir hätten die Nase gestrichen voll von so vielem, was uns täglich umgibt und was uns immer wieder an einen Punkt bringt, an dem wir agieren und leider immer öfter auch reagieren müssen – oder wollen.

Dabei gibt es nichts Schöneres, als sich der Liebe des himmlischen Vaters einfach einmal auszusetzen. Nichts tun, einfach sein. Vor ihm. In seiner Gegenwart, in der das stürmische Meer im Inneren unseres Herzens zur Ruhe kommt. Sich neu justieren und ausrichten ist, was wir immer wieder benötigen. Aber eben genau nicht dadurch, dass wir etwas tun, sondern dass wir sind. Vor Gott.

Symptomatisch dafür ist für mich die Situation des Volkes

Gottes, als er selbst es aus Ägypten herausgeführt hat. Sie waren in der Zwickmühle: Vor ihnen das unüberwindbar scheinende Meer – hinter ihnen, am Horizont, können sie schon den aufgewirbelten Staub der bedrohlichen Reiterscharen des Pharaos sehen, der es sich alles noch mal anders überlegt hat.

Jetzt sitzen sie in der Klemme. Vor ihnen wartet der Tod durch Flut auf sie, hinter ihnen nähert sich der Tod durch ägyptische Soldaten. Beides ist nicht wirklich eine Alternative.

Da tritt Mose vor Gott. Bittet. Fleht. Weint. Klagt.

Er tritt für sein geliebtes Volk bei Gott ein.

Nach seinem Zwiegespräch mit Gott hat er eine Botschaft an die verzweifelten Menschen

„Der Herr selbst wird für euch kämpfen, wartet ihr nur ruhig ab!" (2. Mose 14,14)

„Klar, Mose! Du hast wohl zu viel an der Wolkensäule geschnüffelt, was?" So oder so ähnlich mögen vielleicht die Israeliten gedacht haben.

Einfach Gott vertrauen? Nichts tun und warten, dass Gott eingreift? Ich kann mir vorstellen, wie schwierig das für die Israeliten war.

„Aber wir können doch nicht nichts tun! Aber was wird dann aus unseren Kindern? Aber warum hat Gott uns dann in diese Zwickmühle geführt? Aber wie sollen die Ägypter geschlagen werden? Aber knechtet uns der Pharao dann aufs Neue?"

So oder so ähnlich ist auch oft unsere innere Reaktion, wenn wir uns der Liebe Gottes aussetzen sollen. „Ja, aber Gott kann mich unmöglich so lieben, wie ich bin. Aber ich habe Gott doch gar nichts zu bringen, wofür er mich lieben könnte. Aber kann das so einfach gehen? Aber was kann ich Gott denn als Dank zurückgeben? Aber was, wenn ich mich mal wieder danebenbenehme – liebt er mich da immer noch? Aber es gibt da diese eine Sünde, damals vor 13 Jahren, 4 Monaten und zwei Tagen. Aber ich spüre seine Liebe gerade so was von überhaupt nicht."

Weißt du, wie man das nennt? Das ist Aberglaube. Ein Glaube, der sich aus lauter „Abers" speist, die Gottes Liebe im Weg stehen – wo sie doch eigentlich gerade das nicht wollten.

Liebe lebt von Beziehung. Deswegen mach doch mal was Verrücktes und nimm dir Zeit für deinen Schöpfer, der dich grenzenlos liebt. Sei es regelmäßig am Tag, ein ganzer Tag, ein Wochenende. Nimm dir diese Zeit – und sei einfach ein geliebtes Kind Gottes. Denn das wird dir helfen, auch in brenzligen Situationen zu erleben, dass die Liebe, mit der Gott dich liebt, mehr als nur ein Gedanke ist. Sie ist das tragende Fundament deines Lebens und deines Glaubens.

Schnell sind wir dabei zu fragen: Wie? Wie soll ich das machen? Genau das ist der Punkt: Es gibt hier kein Patentrezept oder Generallösung für alle Menschen. Ich kann nicht, ich will nicht und werde dir diese Frage nicht beantworten – weil es die falsche Frage ist. Die wichtigste Frage ist eben nicht, *wie*, sondern, *wann*?

Ich bin der festen Überzeugung, dass unsere Gemeinden und die ganze Gesellschaft vollkommen verändert werden würden, wenn wir die Liebe Gottes einfach viel mehr zum Zug kommen lassen.

Vor allem dann, wenn wir vor lauter Balken im eigenen Auge nur noch den Splitter im Auge des anderen sehen.

Wenn du ein aktives Gemeindeglied bist, damit meine ich solch liebenswerte Menschen, die nicht nur an Weihnachten oder aus Tradition in den Gottesdienst gehen, sondern sich vornehmen, jeden Sonntag in den Gottesdienst zu gehen, unter der Woche noch eine Gruppe besuchen und sich ehrenamtlich in der Gemeinde engagieren. Wenn du in diese Kategorie fällst, dann bitte ich dich einmal um Folgendes: Beobachte mal ganz genau, wo und wie die Liebe Gottes in deiner Gemeinde, also bei allen Veranstaltungen, an denen du in den nächsten Tagen teilnimmst, gelebt wird. Wo kommt sie zum Zug? Wie drückt sie sich aus? Wie gehen wir mit Menschen um, die durch unser Sündenkategorisierungsraster gefallen sind?

Wenn du nicht in der perfekten Gemeinde bist, dann warne ich dich vor: Du könntest schockiert sein. Schockiert darüber, wie wenig diese göttliche Liebe spürbar ist und wie sehr Menschen verurteilt oder zumindest beurteilt werden aufgrund dessen, was sie tun oder nicht tun.

Und dann überwinde dich. Überwinde dich und sprich in eine solche Situation die Liebe Gottes hinein. Ich sage dir: Du wirst angestarrt werden. Menschen werden sich ertappt und entlarvt fühlen. Aber es wird noch mehr geschehen: Die Liebe des Schöpfers wird spürbar werden und Herzen verändern. Das verspreche ich dir.

Ein Versuch ist es doch allemal wert, oder?

Genau das wird nämlich dein Leben reich machen: nichts tun müssen, sondern einfach vor Gott sein und seine Liebe in dich aufsaugen. Wie du das machst, überlasse ich dir: Ob du in der Stille die Gegenwart Gottes suchst, beim Spazierengehen in der Natur, im Lobpreis oder im Gebet. Schaffe dir deinen Moment, in dem du die Liebe Gottes so richtig in dich aufnehmen kannst!

Du bist kein Nichtsnutz, wenn du nichts tust, außer dich der Liebe Gottes hinzuhalten. Denn das ist das Beste, das du tun kannst.

JETZT WIRD'S KONKRET:

1. In welchen Situationen und Momenten deines Lebens fällt es dir besonders schwer, einfach nur zu „sein" und nichts zu „tun". Nimm dir doch die Zeit und mach dir darüber Gedanken. Schreib sie dir auf. Für alle, die nicht mehr wissen, was Stift und Papier sind, kann ich für so etwas die wunderbaren Smartphone-Apps „Evernote" oder „Daily One" empfehlen.

2. „Der Herr selbst wird für euch kämpfen, wartet ihr nur ruhig ab!" (2. Mose 14,14) Was löst dieser Vers in dir aus? Warum fällt es dir schwer, ihm Glauben zu schenken? Und wo merkst du, dass er dir Kraft gibt?

3. Such dir im Alltag Oasen, in denen du einfach nur vor Gott bist und dich erfrischen lässt: die Mittagspause im Grünen bei der Arbeit, der Sport, Zeiten des Gebets und Lobpreis zu Hause. Was auch im-

mer für dich passt: Such dir diese Möglichkeiten, einfach vor Gott zu sein und von ihm erfrischt zu werden.

2. ES GIBT EINE BESSERE GEMEINDE ALS DEINE

Das ist fast so bescheuert wie: „Ich gehe jetzt fremd, denn diese Frau ist viel besser und schöner als die, die ich geheiratet habe." Solltest du ein Mann sein, wirst du wissen, was ich meine, wie sehr bescheuert das ist. Das Gleiche gilt übrigens auch für dich, liebe Leserin.

Manchmal setzt unsere Ratio ja aus und wir tun ziemlich irrationale Dinge. Bis zu einem gewissen Grad ist das auch in Ordnung. Das nenne ich dann eine lebensfröhliche Verrücktheit. Aber Fremdgehen in Sachen Ehepartner und Gemeinde ist keine lebensfröhliche Verrücktheit – das ist ausgesprochene Dummheit.

Ich habe durch meinen Dienst in der Kirche in meinen noch wenigen Dienstjahren nun schon sechs Gemeinden „von innen" heraus kennengelernt, weil ich in ihnen meinen Dienst tat. Während meines Studiums war ich in einer kleinen charismatischen Gemeinde, die mich bis heute unglaublich positiv geprägt hat und deren Pastor ich bis heute für so vieles dankbar bin, das er in mich investiert hat.

Aber alle Gemeinden, die ich kennengelernt habe, hatten eines gemeinsam: Sie alle haben Ecken und Kanten.

Und weißt du, warum? Weil sie aus Menschen wie dir und mir bestehen. Eine Gemeinde ist doch kein künstliches Produkt, sondern die Summe derer, die an Jesus glauben und zu dieser Gemeinde gehören.

Manchmal frage ich mich wirklich, welche utopischen Ansprüche Christen an ihre Gemeinde stellen. Wie die Ravensburger Spiele soll sie für alle zwischen 0–99 da sein – die wenigen über 99 bekommt sie aber auch noch unter. Also soll es in der Gemeinde Krabbelgruppen geben – am besten mehrere, damit das Kindergeschrei für den sich parallel treffenden Bastelkreis erträglich ist.

Es sollen im Kindergottesdienst die Kinder schon ab drei Jahren kommen dürfen – aber natürlich soll dieser Kindergottesdienst parallel zum Erwachsenengottesdienst stattfinden, damit auch ja kein Kind die wunderschöne Orgelmusik stört. Es sei denn, die Kinder nehmen noch zu Beginn des Erwachsenengottesdienstes an ihm teil, aber natürlich ohne einen Mucks zu machen. Ist ja auch überhaupt nicht schwierig, wenn man zehn Kinder in eine Reihe wunderschön erhaltener Kirchenbänke pfercht, die das Nostalgikerherz höher schlagen lassen.

Überhaupt müssen altehrwürdige Kirchengebäude und Gemeindehäuser erhalten, saniert und gepflegt werden. Klar. Gemeinde Jesu besteht ja aus Steinen und nicht aus Beinen – oder habe ich da etwas falsch verstanden?

Natürlich dürfen auch Jugendliche diese Räume nutzen, aber sie müssen sich klerikal-kirchlich benehmen. Wehe, die Räume werden verschmutzt, es wird laut oder es läuft so was wie Techno oder Rockmusik. Ganz zu schweigen von den Todsünden Alkohol und Nikotin.

Wir können als Gemeinde doch nicht das aufgeben, was schon immer so war. Was schon immer so war, muss schließlich gut sein, sonst wäre es ja nicht schon immer so gewesen. Wäre jemandem aufgefallen, dass es nicht so gut ist, hätte er das doch sicher geändert.

Aber weil Frau Müller ihren Sitzplatz im Gottesdienst seit 47 Jahren an genau dieser Stelle hat, ist es unmöglich, die Bänke durch Stühle zu ersetzen.

Schon immer war es so, dass es eine Orgel in der Kirche gibt. Man stelle sich nur mal vor, eine Kirche ohne Orgel. Das wäre ja wie Männer ohne Bauch, Frauen ohne Angst vor Zellulitis, Kinder ohne Motzen oder Sommer ohne Regen. Geht gar nicht. Das war schon immer so. Das muss auch bis in alle Ewigkeit so bleiben – und um auf Nummer sicher zu gehen, auch noch länger als die Ewigkeit.

Manchmal habe ich den Eindruck, was Chuck Norris für seine Widersacher ist, ist die Aussage „Das war schon immer so" für eine lebendige Gemeinde: Ein unüberwindbares Hindernis! Wobei es keine Rolle spielt, dass der Einzige, auf den die Beschreibung „immer" zutrifft, Gott selbst ist.

Und natürlich wollen wir es allen recht machen. Wir haben Gottesdienste mit Orgelmusik und Bach-Kantaten aber auch Lobpreisgottesdienste mit Hillsong-Musik. Wir haben flexible Gottesdienstzeiten und lassen die Gemeindeglieder immer in der Woche vor dem Gottesdienst abstimmen, zu welcher Uhrzeit er stattfinden soll. So können wir wenigstens eine Mehrheit glücklich machen.

So, lieber Leser, nun kannst du dich ein wenig entspannen und ich schalte den Ironiemodus aus.

Aber ist es nicht so? Die Erwartungshaltung an Gemeinde ist so künstlich und unrealistisch, dass du nur zu dem Schluss kommen kannst: Meine Gemeinde ist schlecht.

Nichts anderes ist es, wenn du an deinen Partner, deine Partnerin oder auch deine Kinder unrealistische Erwartungen hast. Sie können diesen niemals gerecht werden – und im schlimmsten Fall gehen sie daran zugrunde. Wie viele Ehen und Familien sind schon an Erwartungen gescheitert und zerrüttet, die kein Mensch halten kann.

Aber weißt du was? Solltest du zumindest ab und an den Eindruck haben, dass deine Gemeinde schlecht ist, dann sei dir sicher: Sie befindet sich in einer munteren Ansammlung weiterer Gemeinden – nämlich aller Gemeinden.

Meine Vermutung ist ja die, dass Menschen ihre nicht erfüllten geistlichen Wünsche und Sehnsüchte nun an die Gemeinde herantragen. „Wenn ich alleine es schon nicht schaffe, dann muss es doch meine Gemeinde schaffen."

Weißt du, wer für dein geistliches Wachstum verantwortlich ist? Du allein! Nicht deine Gemeinde, nicht der Pastor, nicht dein Mitchrist und best buddy. Du alleine bist dafür verantwortlich, dass du geistlich wächst.

Niemand anderes als du selbst kann deine Gebete beten.

Niemand anderes als du selbst kann Gottes Zusagen aus seinem Wort für dich in Anspruch nehmen.

Niemand anderes als du selbst kann den Heiligen Geist flüstern hören, was er dir sagen möchte.

Niemand anderes als du selbst kann die Kraft der Gemeinschaft von Christen erleben, die so lebensverändernd sein kann.

Natürlich braucht es dafür Zeiten der Ruhe, des Gebets, der Stille, des Fokussierens auf Gott.

Und natürlich können andere Christen für dich beten. Und tun das auch. Sei dir dessen sicher. Das ist etwas sehr Befreiendes und Entlastendes.

Aber weil Jesus eine ganz enge Beziehung mit dir möchte, ist es eben möglich, dass dein Vertrauen und Glauben in ihn wachsen. Immer mehr.

Das alles soll Gemeinde leisten?

Ich muss dich enttäuschen: Sie schafft es nicht in dem Maß, wie du es dir vielleicht wünschst, weil sie einfach aus Menschen besteht, die *ebenso wie du* unerfüllte geistliche Wünsche und Sehnsüchte haben. Gemeinde ist kein Wunschkonzert. Aber sie klingt dann ganz wundervoll, wenn du dich einbringst mit deinen Gaben.

Ich habe ein Ehepaar vor Augen, das jahrelang ihrer Gemeinde die Treue gehalten hat, obwohl diese alles andere als so war, wie sie sich das gewünscht hätten. Aber sie haben treu und aufopferungsvoll ihren Dienst in der Gemeinde getan. Weil sie wussten, dass es eben nicht um sie ging, sondern um andere.

Damit verbunden ist natürlich ein Aushalten und Durchhalten, für das dir nur Gottes Geist die Kraft und Vision schenken kann, die du brauchst.

Aber mach es doch genau wie dieses Ehepaar: Denk nicht so sehr an dich. Denk an die anderen in der Gemeinde und an die, die noch nicht zur Gemeinde kommen oder gehören, und frage dich: Wie kann ich ihnen am besten dienen?

In Kapitel 4 werde ich noch genauer auf die Gaben des Heiligen Geistes eingehen.

Ich glaube, dass es keine bessere Möglichkeit gibt, im Glauben zu wachsen, als dich ganz konkret in die Mitarbeit deiner Gemeinde einzubringen. Im besten Fall auch noch in einem Bereich, in dem besonders Menschen gedient werden soll, die Nöten ausgesetzt sind. Entweder der geistlichen Not, dass sie Jesus noch nicht kennen, oder ganz alltäglichen Nöten. Das bringt dich nämlich dazu, deinen Glauben immer wieder zu reflektieren.

Als Pfarrer unterrichte ich auch Religion. Ich erinnere mich noch gut an eine Stunde in der ersten Klasse während meines Vikariats. Ich malte eine Krippe und ein Kreuz an die Tafel – und ja. Beides war als solches durchaus erkennbar, auch wenn mein Kunstlehrer und ich die glücklichsten Menschen waren, als ich nach der 11. Klasse Kunst mit der hervorragenden Note 4 abwählte.

Ich zeichnete also diese beiden Symbole an die Tafel in dieser ersten Klasse und wartete, dass einer der Schülerinnen und Schüler sich meldet und irgendetwas sagt, das mit Jesus zu tun hat. Ist doch klar: Die Krippe als Symbol für die Geburt Jesu, das Kreuz als Symbol für den Tod Jesu.

Ich wartete. Ich wartete noch länger. Ich wartete noch ein bisschen. Und tatsächlich. Es geschah – nichts. Gut, dachte ich, die Schülerinnen und Schüler sind vielleicht ein wenig schüchtern. Ich gebe ihnen einen Tipp: „Das hier ist eine Krippe, das ist ein Kreuz." Und schon schießen die Finger in die Höhe – war meine Vorstellung, die aber leider nicht stimmte. Keiner dieser liebenswerten Sechsjährigen meldete sich. Stattdessen schaute ich in Kindergesichter, die irgendwo schwankten zwischen ‚Wer ist der Mann da vorne?" und „Was machen wir hier eigentlich?".

Also. Ein letzter Tipp, dachte ich mir: „Die Krippe und das Kreuz haben mit einem ganz besonderen Mann zu tun." Jetzt aber. Die Kinder meldeten sich – nicht.

Ich erinnere mich deswegen noch so genau an diese

Situation, weil sie mich ehrlich gesagt ein wenig schockiert hat. Viele der Kinder waren sogar in einem „christlichen" Kindergarten – aber sie wussten nicht, dass Krippe und Kreuz etwas mit Jesus zu tun haben.

Was dann folgte, war eine Mammutaufgabe: Ich musste bei null anfangen und mit Kindern, die im behüteten Baden-Württemberg (gut, okay, es war die Grenze zu Hessen) einen Kindergarten (meist einen konfessionellen) besucht haben, nun in der ersten Klasse waren, in irgendeiner Weise darüber ins Gespräch kommen, wer Jesus war, warum er heute noch lebt, also nein, nicht so richtig. Anders. Bei Gott. Aber der ist doch überall? Ja, genau. Und da ist Jesus. Aber warum wir ihn dann nicht sehen, nein, das weiß ich ebenso wenig wie den Grund dafür, weshalb im Laufe des Schuljahres Meerschweinchen gestorben, Tränen geflossen und Stifte kaputt gegangen sind, wo Gott doch alles sieht.

Dein Glaube wächst nirgends so tief wie an den Orten, an denen du mit Menschen zusammentriffst, die von Jesus noch nicht wirklich viel wissen. Du musst nämlich bei null anfangen – auch für dich selbst. Und plötzlich merkst du, ob du das, was du glaubst, wirklich glaubst oder ob es nur irgendwie anerzogen wurde oder für wahr gehalten wird.

Und deswegen eine kleine Aufforderung: Wenn du denkst, dass es eine bessere Gemeinde als deine gibt, dann such erst einmal deinen Platz in der Gemeinde und diene dadurch Menschen, die Jesus noch nicht kennen. Aber Vorsicht. Es könnte sein, dass sich dein Bild von deiner Gemeinde radikal zum Guten wendet.

Und doch ist die Frage, ob es eine bessere Gemeinde als deine gibt, nicht ganz unberechtigt. Schließlich soll eine Gemeinde die Hoffnung für die Menschen vor Ort sein – und zwar nicht nur für die Gemeindemenschen und Jesusnachfolger, sondern für alle Menschen.

Ich bin Bill Hybels, Gründer und Pastor der Willow Creek Community Church, so dankbar, der mich gelehrt hat, dass die Ortsgemeinde die Hoffnung der Welt ist. (Also, lieber Bill, falls du dieses Buch mal ... nein, lassen wir das.) Ein ganz zentraler biblischer Text, den mich Hybels gelehrt hat, ist Apostelgeschichte 2,42–47:

Was das Leben der Christen prägte, waren die Lehre, in der die Apostel sie unterwiesen, ihr Zusammenhalt in gegenseitiger Liebe und Hilfsbereitschaft, das Mahl des Herrn und das Gebet. Jedermann in Jerusalem war von einer tiefen Ehrfurcht vor Gott ergriffen, und durch die Apostel geschahen zahlreiche Wunder und viele außergewöhnliche Dinge. Alle, die an Jesus glaubten, hielten fest zusammen und teilten alles miteinander, was sie besaßen. Sie verkauften sogar Grundstücke und sonstigen Besitz und verteilten den Erlös entsprechend den jeweiligen Bedürfnissen an alle, die in Not waren. Einmütig und mit großer Treue kamen sie Tag für Tag im Tempel zusammen. Außerdem trafen sie sich täglich in ihren Häusern, um miteinander zu essen und das Mahl des Herrn zu feiern, und ihre Zusammenkünfte waren von überschwänglicher Freude und aufrichtiger Herzlichkeit geprägt. Sie priesen Gott bei allem, was sie taten, und standen beim ganzen Volk in hohem Ansehen. Und jeden Tag rettete der Herr weitere Menschen, sodass die Gemeinde immer größer wurde. (Apg 2,42–47, NGÜ)

Dieser Abschnitt allein birgt die ganze Kraft, Dynamik und Schönheit von Gemeinde in sich. Lies ihn ruhig noch einmal durch. Und noch einmal. Und ein viertes Mal. Und du wirst bei jedem Lesen über einen neuen Aspekt staunen.

Und weißt du, was das Geheimnis dieser so faszinierenden und vorbildhaften Gemeinde war? Ein einziges Wort: Hingabe.

Für den Ausdruck „Was das Leben der Christen prägte" (Apostelgeschichte 2,42) steht im griechischen Urtext das Wort „proskarterountes". Auf Deutsch bedeutet dieses Wort „an etwas festhalten", „dauernd bereit sein" oder auch „sich fortwährend aufhalten".

Mit diesem Ausdruck ist gemeint, dass eine Person beharrlich und hingegeben in einer Gruppe bleibt oder an dieser Gruppe festhält. In unserem Fall ist das die Gemeinde. Das bedeutet: dableiben, nicht wegrennen. Festhalten an der Gemeinschaft, nicht loslassen. Kämpfen, nicht aufgeben. Ringen, nicht resignieren. Einbringen, nicht konsumieren. Mitgestalten, nicht nur zuschauen.

Ich glaube, dass dies ein vom Heiligen Geist übernatürlich gewirktes Festhalten und Bleiben in der Gemeinde ist. Rein menschlich gesehen fällt es nämlich ziemlich schwer, in der Gemeinde zu bleiben und festzuhalten, wenn so manches nicht nach unserer Pfeife tanzt. Aber Gott hat uns Christen als Geschwister und nicht als Freunde erschaffen. Freunde suchen wir uns aus – Geschwister nicht. Die sind da – ob wir wollen oder nicht, gehören sie zur Familie, zur Gemeinde.

Und das gilt es nun mal einfach auszuhalten. Ja, die Verwandtschaft kann manchmal ganz schön bucklig sein. Nicht nur die Tante beim Kaffee-Besuch, die in fast schon mantrahafter Routine ihr „Du bist aber groß geworden" aufsagt. Oder der Bruder, der einfach keine Kompromisse schließen kann bei der Nachlassregelung des verstorbenen Vaters.

Auch in der Gemeinde gibt es diese bucklige Verwandtschaft. Die, mit denen wir nicht Gottesdienst feiern würden, wenn wir es uns aussuchen dürften. Die, deren Musikgeschmack so gar nicht unserer ist. Die, die immer so fromm daherreden, deren Lebensalltag aber ein ganz anderes Bild zeichnet.

Ohne ein übernatürliches Maß an Hingabe wird unsere Gemeinde wirkungslos bleiben. Davon bin ich zutiefst überzeugt. Und übernatürlich heißt: von Gottes Geist geschenkt und nicht zwanghaft aus sich selbst heraus gemacht.

Wenn ich dich mal fragen darf: Auf einer Skala zwischen „wenig Hingabe" und „viel Hingabe". Wie hoch schätzt du momentan deine Hingabe für die Gemeinde ein?

Lass es mich direkt und offen sagen: Ich bin fest davon überzeugt, dass es wahre Freude, erfülltes Leben und konkretes Erleben von Gottes Wirken immer mehr dort gibt, wo du dich auf der Seite „viel Hingabe" einsortierst. Gott hat 100% für dich gegeben – was hindert dich, 100% für ihn zu geben?

Ich höre deine Frage: Wie komme ich von „wenig Hingabe" zu „voller Hingabe"?

Jesus sagte einmal: Wenn das Weizenkorn nicht in die Erde fällt und stirbt, bleibt es ein einzelnes Korn. Wenn es aber stirbt, bringt es viel Frucht. (Johannes 12,24)

Was muss in deinem Leben sterben, dass deine Hingabe an die Gemeinde, und damit an Jesus selbst, immer höher wird?

Nur mal so ein paar Beispiele, was das sein könnte. Vielleicht helfen sie dir auf die Sprünge oder stoßen ganz andere Bereiche deines Lebens an.

- ✗ Das Streben nach Ehre und Geltung vor Menschen. Und so tust du es – wenn du überhaupt etwas tust in der Gemeinde –, um vor anderen etwas zu gelten.
- ✗ Der Druck, es allen recht machen zu wollen. Und es tut mir leid: Dich davon befreien zu lassen, ist unglaublich wichtig – und gleichzeitig gar nicht so einfach. Aber dazu musst du eigentlich nur ein Wort neu lernen und an den richtigen Stellen einsetzen: „Nein!“
- ✗ Die Idee von einem einfachen Leben. Das ist nämlich eine ganz und gar unrealistische Idee. Es gibt nicht vieles, das unser Leben lang Bestand hat. Aber die Herausforderungen gehören dazu. Lass deinen Wunsch nach einem einfachen Leben sterben und du wirst das wahre Leben gewinnen!
- ✗ Die Gier nach Geld und Materiellem. Ich kenne das. Zeig mir das neueste iPhone, die Apple Watch oder andere nette elektronische Gadgets. Ich will sie. Und zwar alle. Und doch ist es viel sinnvoller, dass wir als Familie unseren „Zehnten“ geben – zumindest unseres Einkommens. Zehn Prozent von dem, was wir an Einnahmen im Monat haben, geht via Dauerauftrag raus – vorwiegend in die Gemeinde und in die Mission. Das heißt: Ich kann nicht immer das neueste iPhone haben oder jeden elektronischen Firlefanz. Und weißt du was? Ich lebe dennoch ganz gut.

Der große Völkermissionar Paulus schreibt einmal kurz und

knapp: „Ich sterbe täglich!“ (1. Kor 15,31) Das ist doch mal echt eine hoffnungsvolle Botschaft, oder?

Ja, ist sie! Denn das heißt: Ich sterbe, damit du, Jesus, in mir leben kannst.

Und das jeden Tag. Ganz praktisch.

Lass Gott dir zeigen, was in deinem Leben sterben muss, damit deine Hingabe an seine Gemeinde immer größer wird.

Und glaube mir: Das kann schlagartig gehen. Aber es kann auch ein Prozess sein. Höre dabei immer mal wieder hin, was Gott dir sagt, achte darauf, wie der Heilige Geist zu dir redet und dir was flüstert. Gedanken, Bilder, Eindrücke, die du beim Beten dafür hast.

Sie werden dir schon zeigen, was Sache ist. Und dann leg los und – stirb!

Oder aber deine Hingabe an die Gemeinde Jesu wächst und wächst und wächst und du könntest geistliche Bäume ausreißen und einpflanzen – und es tut sich irgendwie gar nichts. Das Durchschnittsalter der Gottesdienstbesucher könnte man mit „Midlife-Crisis“ ganz gut beschreiben, der Kirchenkaffee schmeckt immer noch nicht, echte Taufen gab es schon seit gefühlt 27 Jahren nicht mehr, Wachstum entdeckst du in der Gemeinde lediglich beim Schimmelbefall im in die Jahre gekommenen Gemeindehaus, und dass Menschen zum Glauben an Jesus kommen, ist genauso wahrscheinlich wie, dass die Niederlande mal wieder ein großes Fußballturnier gewinnen – wenn sie sich denn qualifizieren.

Und jetzt bitte ich dich, dass du die folgenden Punkte nicht als einen Brief verstehst, sondern dass du die folgenden drei Kriterien mit Gott, der Gemeindeleitung und anderen Mitgliedern der Gemeinde durchsprichst.

Denn die folgenden drei Kriterien sollen dir helfen, zu entscheiden, ob deine Gemeinde biblisch fundiert lehrt und handelt.

Alles andere findest du in anderen Gemeinden auch: zu wenig Mitarbeiter, zu viel Streit, manchen ist die Tradition scheinbar wichtiger als der Inhalt, die Frage nach der richtigen Taufpraxis und, und, und. Du findest das überall. Versprochen!

Aber was heißt denn nun „biblisch fundiert" lehren und handeln? Dafür will ich dir nur drei Fragen an die Hand geben und sie bewusst nicht ausführen. Das darfst du dann zusammen mit Gott tun:

1. Lebt deine Gemeinde Evangelisation und setzt alles daran, dass Menschen, die noch ohne Gott leben, zu hingegebenen Nachfolgern von Jesus werden?

2. Ist der Heilige Geist mehr als ein nettes Wort in der trinitarischen Formel „Vater, Sohn und Heiliger Geist" und wird über ihn gelehrt und mit seinem Reden auch heute noch gerechnet und regelrecht darum gebeten?

3. Spielt die Bibel als Gottes Wort, das heute noch gilt und wahr ist, die Rolle, die es spielen soll – nämlich die zentrale?

Also bleibe deiner Gemeinde treu, diene Gott und den Menschen und mach' erst den Abgang, wenn die Lehre und das Handeln nicht (mehr) biblisch fundiert sind.

Aber auch erst dann, wenn du es vertrauensvoll mit den Verantwortlichen der Gemeinde besprochen hast und nicht hintenrum geredet hast. Glaube mir – und ich spreche da aus Erfahrung: Hintenrumreden ist für die Gemeindeleitung irgendwie so, als ob sie den berühmt-berüchtigten Wackelpudding an die Wand nageln wollen. Das geht einfach gar nicht.

Als ich in den ersten Jahren meines Dienstes noch viele Fragen hatte (heute sind es sehr viele, welch Dilemma!), habe ich mich hin und wieder mit einem erfahrenen Pfarrer getroffen, der mir sehr wertvolle Tipps gab, die mich bis heute prägen und meinen Dienst beeinflussen. Ein Tipp war für mich ganz besonders einprägsam: „Kein Ross ohne Reiter!" Das heißt: Wenn irgendein Thema in der Gemeinde aufpoppt, will ich wissen, wer es gesagt hat, wen es ärgert, wen es berührt. Ich höre nicht mehr auf „die Leute sagen" oder „ganz viele sagen". Ich will Namen. Denn dann kann ich mit diesen Personen reden und sie besser verstehen. Ich muss ihre Ansichten nicht teilen – aber sie sind es allemal wert, gehört zu werden.

Ich gebe heute nichts mehr auf Meinungen von „man" oder „ganz vielen". Oder um es noch direkter zu sagen: Solche Aussagen sind mir egal.

Ich will direkt mit den Menschen reden – und nicht mit lauter „mans".

Und deswegen bitte ich dich, dass du deiner Gemeindeleitung einen Gefallen tust – auch wenn du nicht alle ihre Ansichten teilst und wenn du sogar in Erwägung ziehst, die Gemeinde zu verlassen: Sprich persönlich und direkt mit ihnen – nicht über sie und nicht hintenrum. Und du wirst mit Sicherheit merken, dass die Realität nicht immer so einfach ist, wie sie schnell mal dargestellt wird.

Übrigens: Auch das Hintenrumreden findest du wohl in allen Gemeinden. Solltest du es noch nicht entdeckt haben, läuft's wohl gerade – hintenrum ...

JETZT WIRD'S KONKRET:

1. Wo befindest du dich gerade auf der Hingabeskala? Mach mal den Selbsttest und sei ehrlich zu dir. Wo würdest du dich positionieren?

2. Wie sieht es für dich konkret aus, täglich zu sterben? Gibt es Bereiche, in denen du Gott mehr folgen solltest, weil du sonst dein eigenes Ich auf den Thron deines Lebens setzt?

3. Die bucklige Verwandtschaft kommt ja meist nur zu Besuch: auf einen Kaffee, zum Mittagessen oder Grillen. Lade doch eine Person (oder zwei, drei ...) der buckligen Gemeindeverwandtschaft einmal ein. Und höre dir ihre Geschichte an. Du wirst staunen!

3. DEINE KONFESSION IST ALLEINE SELIG MACHEND

Die Charismatiker tanzen, die Pfingstler rufen „Halleluja“, die Baptisten taufen erst mal, die Lutheraner studieren und die Quäker schweigen. Die Calvinisten lassen alles Äußere außen vor, die Landeskirchler rationalisieren und die Methodisten suchen die richtige Form. Die Amischen wissen von alledem noch nichts, da sie in ihrer eigenen kleinen Welt leben. Okay, der war vielleicht zu arg. Ich schätze die Amischen sehr – wie überhaupt alle anderen Konfessionen. Insofern hoffe ich, dass du die Einleitung zu diesem Kapitel mit einem Augenzwinkern lesen konntest – denn so war sie auch gemeint.

Vorurteile haben etwas an sich: Sie können entkräftet werden. Auch dann, wenn es sich um deine Gemeinde oder, genauer gesagt, um deine Konfession handelt.

Solltest du meinen, dass deine Konfession alleine selig machend ist, dann könnte dieses Kapitel für dich zu einer echten Herausforderung werden.

Meine Kindheit und Jugend habe ich gut behütet in der evangelischen Landeskirche verbracht. Mein Vater war selbst Pfarrer (und später Dekan), ich empfand die Gemeinden, in denen er tätig war, als recht in Ordnung – warum sollte ich mich also umschauen nach etwas anderem? Zudem habe ich dann mit knapp 16 Jahren selbst begonnen, in der Kinder- und Jugendarbeit unserer Kirchengemeinde mitzuarbeiten. Zunächst mit kleinen Helfertätigkeiten, später dann als Mitarbeiter, Leiter und Verantwortlicher für bestimmte Bereiche. Wie das eben so ist: Man wächst mit seinen Herausforderungen.

Ob du es glaubst oder nicht: Bis zu meinem Studium, das ich mit 20 Jahren begann, wusste ich herzlich wenig von anderen Kirchen und Gemeinden. Klar – die Katholiken, die kannte ich schon. Aber die Wörter „Baptisten“, „Charismatiker“, „Pfingstler“ und „Methodisten“ gehörten überhaupt nicht zu meinem aktiven Wortschatz. Ich fühlte mich wohl in meiner kleinen, kuscheligen Landeskirchenwelt in der Dorfgemeinde.

Aber dann. Dann kam ich in die große weite Welt – genauer gesagt nach Heidelberg. Und dort tummeln sich ja bis heute allerhand Gemeinden und Kirchen.

Ich erinnere mich noch, wie ich das erste Mal den Gottesdienst einer großen freien Gemeinde in Heidelberg besuchte und dachte: „Wow, das geht also auch? Gottesdienst so ganz ohne Orgel, Liturgie, Altar und altertümlicher Sprache? Das ist ja ein zeitgemäßer Gottesdienst! Das ist ja Kirche von heute! Wow! Bitte mehr davon!“

Und mehr davon gab es dann auch, denn gemeinsam mit meiner Frau arbeitete ich dann während unserer Studienzeit in einer kleinen, aber feinen charismatischen Gemeinde mit. Dadurch lernte ich charismatische Frömmigkeit mal so was von der vollen Breitseite kennen, dass ich bis heute noch ganz begeistert davon bin.

Aber genauso erinnere ich mich auch noch an die Aussage eines Freundes an einem Sonntagnachmittag. Es war im Sommer, wir tummelten uns auf den „Neckarwiesen“ in Heidelberg (jener Ort, an dem man im Sommer nur Menschen, aber keine Wiese mehr sieht) und als es dann Nachmittag wurde, brachen so langsam einige auf, um in den Gottesdienst zu gehen. Aber nicht alle in die gleiche Richtung, sondern in ganz unterschiedliche Gemeinden. Und dann meinte er: „Das ist doch schon komisch. Da verbringt man den Tag zusammen, hat jede Menge Spaß und wenn es in den Gottesdienst geht, müssen wir uns trennen."

Diese Worte klingen mir bis heute noch nach und ich habe mir immer wieder über den Sinn und den Unsinn so vieler Konfessionen und Gemeinden Gedanken gemacht.

Heute glaube ich, dass es gut und sinnvoll ist, dass es so viele unterschiedliche Gemeinden gibt – auch und gerade in einer Stadt. Vielleicht war unsere Gesellschaft noch nie so ausdifferenziert, wie sie es heute ist. „One size fits all" – das passt einfach nicht mehr. Das sehen wir ja schon an „der Volkskirche", die es als solche gar nicht mehr gibt, da sie lediglich ein paar wenige Menschen anspricht (bei ca. drei Prozent Gottesdienstbesucher aller Mitglieder ist es eigentlich vermessen, von „Volkskirche" zu sprechen).

Also ist es doch gut, wenn es ganz viele verschiedene Gemeinden und Konfessionen gibt. Das Wort „Konfession" kommt ja vom lateinischen Wort „confessio" und bedeutet nichts anderes als „Bekenntnis". Setzen wir einmal voraus, dass das Bekenntnis zu Jesus Christus ein „No-Brainer" ist, dann ist natürlich die Frage, worin sich Konfessionen unterscheiden und wo es schnell mal passieren kann, dass man die eigene Konfession als alleine selig machend ansieht. Ich mache hier vor allem drei Bereiche aus, in denen sich Konfessionen unterscheiden. Wie du vielleicht schon bemerkt hast, habe ich keine enge Definition von „Konfession", sondern eine eher weite und meine damit verschiedene Konfessionen im klassischen Sinn wie bspw. evangelisch, katholisch und orthodox – aber auch in allen Schattierungen – so wie es zum Beispiel innerhalb der „evangelischen Konfession" die Baptisten, Methodisten, Pfingstler, Charismatiker usw. gibt.

Die drei Bereiche nun, in denen sich Konfessionen unterscheiden und in denen es leider, leider schnell zu gegenseitiger Verurteilung kommen kann, sind die Organisation, die Lehre und die Praxis.

1. Die Organisation

Hiermit ist nichts anderes gemeint als die Frage, wie sich eine Konfession – und damit verbunden auch ihre jeweiligen Kirchen – organisiert. Gibt es einen Präsidenten oder Bischof? Einen Apostel oder ein Leitungsgremium? Eine Synode oder ein anderes Gremium mehrerer Vertreter?

Vielleicht denkst du: „Oh man, wie unbedeutend ist das denn bitte schön?" Dann möchte ich dir ein Beispiel geben. Eben jene kleine, aber feine Gemeinde, die ich während des Studiums besuchte und in der ich sehr viel mitgearbeitet habe, wurde vom Pastor und zwei Ältesten geleitet. Drei Personen. Die dritte Person wurde sogar erst nachträglich bestimmt zu der Zeit, als ich die Gemeinde besuchte. Gut, jetzt war die Gemeinde nicht sonderlich groß, aber schon damals habe ich mich gefragt, ob es Sinn macht, eine Gemeinde zu leiten mit nur drei Personen, wovon eine Person der Pastor ist, der wiederum auf Spendenbasis finanziert wurde, also in einer gewissen Weise in einem Abhängigkeitsverhältnis zur Gemeinde stand. Letzteres wiederum ist zum Beispiel in der evangelischen Landeskirche nicht gegeben, was ich sehr, sehr positiv finde. Hier wird das Gehalt des Pastors nicht von der Gemeinde selbst, sondern – vereinfacht gesagt – von der Landeskirche an sich bezahlt. Ich bin der festen Überzeugung, dass das bei manchen zu treffenden Entscheidungen und Positionierungen durchaus hilfreich ist.

2. Die Lehre

Hier wird es natürlich äußerst spannend, denn da kommen wir an den Knackpunkt der Konfessionen heran. Und ich würde sogar sagen, dass es vielleicht das entscheidende Kriterium ist, an dem sich Konfessionen unterscheiden. Nehmen wir nur mal die Taufe als solche. In meiner Landeskirche gibt es nicht einmal eine Liturgie für die Segnung eines Säuglings, während es in den meisten Freikirchen wiederum keine Liturgie für die Taufe eines Säuglings gibt. Okay. Es gibt dort vielleicht ohnehin keine Liturgie, aber gesetzt den Fall, es gäbe eine, dann gäbe es keine für die Säuglingstaufe.

Oder nehmen wir die Bedeutung des Abendmahls als ein schönes Beispiel, das sogar die beiden großen „Volkskirchen“, die evangelische und die katholische Kirche, trennt. Ich kenne nicht wenige Ehepaare, die darunter leiden, dass sie in der katholischen Kirche nicht gemeinsam Eucharistie feiern können, weil der eine Partner evangelisch ist und damit – nach strenger katholischer Lehre – vom Abendmahl ausgeschlossen ist.

Wandeln sich dem Verständnis der katholischen Kirche nach Brot und Wein noch wirklich in Fleisch und Blut Christi, so wird in den meisten Freikirchen – also Gemeinden anderer Konfession – das Abendmahl hauptsächlich als ein Gedächtnismahl gefeiert, also: ein Erinnerungsmahl an das Leiden und Sterben Jesu. Aber auch das darf man nicht zu vereinfacht und pauschal sehen, denn ich erinnere mich noch an ein Gespräch mit einem überzeugten „Freikirchler“, der darum bat, das Brot für das Abendmahl etwas fester zu backen, damit während des Austeilens und des Brotbrechens das Brot selbst nicht so sehr krümelt und der Leib des Herrn auf den Boden fällt. Ich meine das ernst. Er meinte das ernst. Und ich nehme ihn sehr ernst, denn das wiederum hängt ja letzten Endes damit zusammen, wie man das Abendmahl versteht.

Du siehst schon: Ganz so einfach ist es nicht mit der Lehre. Und gleichzeitig wird deutlich: Es gibt diese oder jene Konfession in Reinform wohl überhaupt nicht. Sicherlich gibt es sie im Sinne einer verfassten Kirchenordnung, das ist nicht die Frage. Aber das Schöne ist doch, dass Vertreterinnen und Vertreter unterschiedlicher Konfessionen voneinander lernen und sich gegenseitig beeinflussen können.

Und das führt zum dritten Bereich, der eine Konfession beschreibt, in dem es in meinen Augen aber in den letzten Jahren sehr viel Bewegung gab.

3. Die Praxis

Wie lebt nun jede Konfession ihren Glauben aus? Dass es hier gegenseitige Ermutigung und Inspiration gibt, möchte ich dir anhand eines konkreten Beispiels aus dem Bereich des Gottesdienstes deutlich machen. Ich habe in meiner Ausbildung (Vikariat) noch gelernt, dass es im liturgischen Ablauf des Gottesdienstes den sogenannten „Lobvers“ gibt. Das ist die Stelle im Gottesdienst, an dem ein Lied gesungen wird, das schon zu Ende ist, sobald du es im Gesangbuch aufgeschlagen hast. Ich erinnere mich noch gut daran, wie unsere damalige Liturgik-Dozentin, von der ich unheimlich viel Gutes gelernt habe, meinte: „Sie dürfen das natürlich auch zu einem ganzen Lied ausbauen."

„Wow", dachte ich. Immerhin darf im Gottesdienst Gott mit einem ganzen Lied gelobt und angebetet werden. Ist das nicht der Hammer? Nun gibt es aber Gott sei Dank in den letzten Jahren auch innerhalb der evangelischen Konfession, konstituiert in der Landeskirche, sogenannte „Lobpreisgottesdienste". Also Gottesdienste, in denen das Lob und die Anbetung Gottes durch viele Lieder im Mittelpunkt steht. Das ist schon mal ein guter und wichtiger Schritt. Noch viel schöner finde ich, dass sich in meiner (landeskirchlichen) Gemeinde schon seit einigen Jahren durchgesetzt hat, dass es solch einen Lobpreis- und Anbetungsteil jeden Sonntag im Gottesdienst gibt. Aus einem Vers wurde also nicht ein ganzes Lied, sondern mehrere Lieder.

Als Gemeinde haben wir einfach über den Tellerrand geschaut und gesehen, dass das vor allem in charismatisch geprägten Gemeinden ja schon längst üblich ist. Also warum nicht einfach sich von ihnen inspirieren lassen und dies auch übernehmen? Es spricht nichts dagegen! Im Gegenteil. Und das ist meine eindringliche Bitte an dich: Lass dich von anderen Konfessionen inspirieren und mach es wie Paulus, der an die Gemeinde in Thessaloniki geschrieben hat: „Prüft alles und behaltet das Gute!" (1. Thessalonicher 5,21)

Und weißt du was? Ich komme jetzt mit einem weiteren Reizwort der frommen Gemeindeszene: Ökumene. Oha. Da gehen bei manchem schon die Alarmglocken an. Aber weißt du, wieso? Weil dieses Wort in den allermeisten Fällen vollkommen falsch verstanden und vor allem falsch verwendet wird.

Landläufig versteht man unter Ökumene, wenn wir genauer und ehrlich hinsehen, doch nichts anderes als eine „evangelisch-katholische Zusammenarbeit" – und zwar so weit, wie sie eben am Abendmahlstisch endet. Aber wo sind die anderen Konfessionen? Wo sind die Freikirchen? Und die freien Gemeinden? Wo sind die Bewegungen und Hauskirchen?

Das griechische Wort „Oikoumene" heißt eigentlich „das Bewohnte" und meint nichts anderes als den ganzen Erdball, denn der ist ja bewohnt – alles klar, oder? Okay, sehen wir uns die Sache ein wenig genauer an. Gemeint ist die Ganzheit aller christlichen Konfessionen und Kirchen, welche diesen erwähnten und bewohnten Erdball ausmachen. Zentrum einer jeden Ökumene muss Jesus selbst bleiben – sonst wird's schräg und ist auch keine Ökumene.

Aber im eigentlichen Sinn verstanden, ist Ökumene genau das, was wir von Jesus im sogenannten „hohepriesterlichen Gebet" überliefert haben. Dieses Gebet spricht Jesus, nachdem er sich – so berichtet es der Evangelist Johannes in den Kapiteln 14–16 seines Evangeliums – von seinen Jüngern verabschiedet hat. Er tritt dabei für seine Jünger, für seine Nachfolger fürbittend vor seinem himmlischen Vater ein. Und dann lesen wir zwei ganz interessante Verse in Johannes 17,20 + 21: „Ich bete aber nicht nur für sie, sondern auch für die Menschen, die auf ihr Wort hin an mich glauben werden. Ich bete darum, dass sie alle eins sind – sie in uns, so wie du, Vater, in mir bist und ich in dir bin. Dann wird die Welt glauben, dass du mich gesandt hast."

Ist das nicht faszinierend? Jesus bittet darum, dass seine gesamte Nachfolgerschaft, also auch die Jünger der Jünger sowie die Jünger der Jünger der Jünger sowie ... okay, ich denke, du hast es verstanden. Die gesamte Christenheit soll

„eins“ sein. Wow. Was sind wir doch meilenweit davon entfernt – habe ich zumindest den Eindruck.

Und wieder kommt mir meine Ausbildungszeit in den Sinn (die anscheinend sehr prägend war). Wir besuchten als sogenannter „Vikariatskurs“ – also meine Kurskolleginnen und Kurskollegen, die sich auch auf das Pfarramt vorbereiteten – eine charismatisch geprägte Gemeinde innerhalb der Landeskirche. Ja, genau. Das ist schon ein kleines Wunder, was mich damals natürlich sehr freute, weil es meine Idee war und ich mich damit ziemlich weit aus dem Landeskirchenfenster lehnte. So weit, so gut.

Wie es unter Theologen so üblich ist, muss natürlich alles reflektiert werden. Reflektieren bedeutet hier aber eher, dass jeder die Möglichkeit hatte, innerhalb des Kurses an einem Abend mal reflexartig zu sagen, was ihn so alles an der Gemeinde und an der Gottesdienstform störte. Es waren nicht alle Kolleginnen und Kollegen negativ gestimmt. Beim besten Willen nicht. Aber ich hatte bei manchen Äußerungen und Beurteilungen schon einige Fragezeichen in meinem kleinen Gehirn, ob das, was hier gerade geäußert wird, der Einheit der Christen dient oder eher dem Zementieren tradierter oder erlebter (das weiß ich leider nicht und kann es auch nicht beurteilen) Erfahrungen über „die Charismatiker“.

Jesus bittet nicht darum, dass wir alle nun konform gehen mit genau der gleichen Lehre, Organisation und Praxis. Was Jesus hier erbittet, geht sehr viel tiefer. Er erbittet nämlich, dass wir uns mit unseren unterschiedlichen Konfessionen nicht nur stehen lassen, sondern uns wirklich – wie es so schön „churchy“ heißt – als „Brüder und Schwestern“ anerkennen und sehen. Er bittet darum, dass wir die Einheit suchen und nicht die Trennung. Er erbittet aber keinen Einheitsbrei. Nein. Das nicht. Überhaupt nicht. Denn er erbittet, „dass sie alle eins sind – sie in uns, so wie du, Vater, in mir bist und ich in dir bin".

Also eine klare christozentrische Ökumene. Keine Ökumene der Religionen, keine Ökumene um der Ökumene willen, sondern eine Ökumene, die Jesus im Mittelpunkt hat.

Oder um es weniger theologisch auszudrücken: ein Zusammenarbeiten aller christlichen Konfessionen, Gemeinden und Kirchen, das zum Ziel hat, dass Menschen zum Glauben an Jesus Christus kommen. Wow. Was hätte das für eine Ausstrahlungskraft! Was könnte dadurch nicht alles geschehen! Wenn sich Christen aller Konfessionen „eins machen" für den, der ohnehin keine Konfession ins Leben gerufen hat.

Ich habe es selbst erlebt, als ich zu Beginn meines Studiums die große weite Welt über die Landeskirche hinaus entdeckte. Mein Glaube ist heute nicht mehr anders zu denken als erfüllt mit vielen guten Erlebnissen in vielen verschiedenen Gemeinden. Natürlich gibt es auch andere Erlebnisse. Klar. Keine Frage. Wo Licht ist, ist auch Schatten. Na und? Wenigstens gibt es wesentlich mehr Licht als Schatten. Was wünschte ich mir, wenn wir das als Christenheit mehr und mehr erkennen und leben.

Ich glaube, es würde nicht nur unser persönliches Gemeinde- und Glaubensleben ungemein bereichern, sondern es würde das eintreten, was Jesus prophezeit hat über diese Einheit: „Dann wird die Welt glauben, dass du mich gesandt hast."

Ist das nicht krass? Jetzt mal im Ernst: Wenn wir diese Einheit suchen, können wir uns alle Programme und Anstrengungen zur Evangelisation sparen. So wenig das wie Öl runtergeht, so sehr ist es doch Wahrheit aus dem Munde Jesu: Wer diese Einheit lebt, der sorgt dafür, dass „die Welt", also Menschen, die Gott noch nicht kennen, glauben, dass er Jesus gesandt hat.

Jaja, ich höre schon deinen Einwand: „Einheit braucht immer zwei." Das stimmt. Deine Anstrengungen können noch so groß sein – wenn es vor Ort nicht geht, weil eine Gemeinde auf keinen Fall mit einer anderen zusammenarbeiten will – was soll man dann machen? Dann ist es sicherlich nicht deine Schuld.

Genauso wenig, wenn du dich aus Konstellationen herausziehst, die nicht Jesus im Mittelpunkt haben. Und das ist manchmal gar nicht so leicht. Zumal es auf keinen Fall deswegen sein darf, weil du der Meinung bist, dass deine Konfession, deine Kirche, deine Gemeindeform alleine selig machend ist.

Im Jahr 2008 habe ich in und um Sheffield (England) auf einer Studienfahrt verschiedene Gemeinden besucht und kennengelernt. Was mich immer fasziniert hat, war das, was die Engländer damals mit der „kingdom theology" bezeichnet haben. Eine „Theologie des Königreichs", wenn man das so holprig übersetzen kann. Ihnen ging es dabei darum, das große Ganze zu sehen und nicht nur sich selbst als kleine Gemeinde. Ihnen ging es darum, das Königreich Jesu zu sehen, das sich nicht nur innerhalb ihrer Gemeindegrenzen erstreckt, sondern zu dem auch die Konfession und Kirche schräg gegenüber gehört, die einem ganz anderen Gemeindebund oder Kirchenverband angehört.

Wir haben dort in einer Gemeinde gehört, wie sie Glaubenskurse gemeinsam veranstaltet haben und es den Verantwortlichen der jeweiligen Gemeinde nicht wichtig war, ob sich die Menschen dann in ihrer Gemeinde heimisch fühlen oder in einer anderen – Hauptsache, sie gehen in eine biblisch fundierte Gemeinde (einige Gedanken dazu hast du ja im vorangehenden Kapitel gelesen, wenn du sie nicht schon wieder vergessen hast).

Ich habe diesen Gedanken seitdem mitgenommen in mein Wirken als Pfarrer. Natürlich freue ich mich über jeden Menschen, der in meine Gemeinde kommt und in meiner Gemeinde zum Glauben an Jesus Christus findet, im Glauben wächst, sich einbringt und Teil einer größeren Gemeinschaft ist. Gar keine Frage!

Aber letzten Endes sage ich Menschen immer: „In welcher Gemeinde du bist, ist nicht das Entscheidende. Entscheidend ist, dass es eine Gemeinde ist, die biblisch fundiert lehrt und in der du dich mit deinen Gaben bestmöglich einbringen und im Glauben wachsen kannst." Und wenn das die Nachbargemeinde ist – wo ist das Problem? Und wenn es eine freie Gemeinde ist – wo ist das Problem? Das Reich Gottes ist wesentlich größer als meine Gemeinde und wesentlich größer als deine Gemeinde.

Wenn du also denkst, dass deine Konfession alleine selig machend ist, dann hast du ein Problem. Denn dann hast du entweder Jesus nicht richtig verstanden oder aber du stellst dich seiner Prophezeiung darüber, wie „die Welt" ihn erkennt, absichtlich in den Weg. Beides kann ich dir beim besten Willen absolut gar nicht empfehlen.

Was ich dir aber auf jeden Fall empfehlen kann, ist: Suche diese Einheit mit Jesus im Zentrum. Frag ruhig den Heiligen Geist, wie das gehen soll. Er wird es dir schon sagen.

Und vor allem wird er dir auch zeigen, ob Jesus wirklich im Zentrum steht. Vertrau ihm!

JETZT WIRD'S KONKRET:

1. Gibt es in deinem Ort oder näheren Umgebung eine Kirche einer anderen Konfession? Mach dich schlau über sie – zum Beispiel über die Homepage der Gemeinde. Dann statte ihr im Gottesdienst einen Besuch ab. Schau, was anders ist – was gefällt dir besser als in deiner Gemeinde? Was gefällt dir nicht so gut? Was inspiriert dich? Was kannst du lernen?

2. Wieso nicht mal ein nettes Kennenlernen arrangieren? Trefft euch einmal als Gemeindegruppe mit einer Gruppe einer Kirche, die „so ganz anders ist" als deine. Erzählt voneinander. Fragt einander, weshalb die Dinge so sind, wie sie sind. Und dann betet miteinander und füreinander. Diese Begegnung wird deinen Glauben nachhaltig prägen.

3. Bete für die Einheit der Christen – weltweit, in deiner Region, in deinem Ort!

4. DIE GABEN DES HEILIGEN GEISTES HABEN AUSGEDIENT

... und die Erde ist eine Scheibe. Unfassbar. Wenn dir jemand über den Weg laufen sollte, der das behauptet, dann lass dich nicht irritieren. Denn es kann durchaus sein, dass das im Laufe deines Lebens öfter vorkommt, als du es dir wünschen würdest. Es sei denn, du lebst in einer Höhle und verlässt diese nie – dann würdest du aber auch diese Zeilen nicht lesen.

Nun bin ich ja schon eine Weile Christ und habe so manches erlebt und überlebt. Was ich aber bis heute nicht verstehen kann, ist die Annahme, dass die Gaben des Heiligen Geistes ausgedient haben sollen – auch wenn es dafür jede Menge Literatur gibt. Das weiß ich. Ich habe sie sogar teilweise gelesen.

Hättest du mich zu Beginn meines Studiums auf den Heiligen Geist angesprochen, wäre meine Antwort wohl so ausgefallen wie die über meine Tanten: Ja, ich kenne ihn schon. Aber viel mit ihm zu tun habe ich nicht – auch wenn ich mein Leben ganz bewusst mit Jesus lebe.

Klar. Es gibt ihn als Teil der Trinität, in der Bibel steht was über ihn – und so ganz von der Hand weisen kann man ihn nicht. Er gehört halt dazu wie das Amen in der Kirche oder die Stadionwurst beim Bundesligaspiel. Aber Letztere hätte damals wohl aufgrund der Kalorien nachweislich mehr mit meinem Leben zu tun gehabt als der Heilige Geist – sosehr ich ihn in der Theorie auch kannte. Dafür sind Theologen übrigens Experten: für die Theorie.

Radikal geändert hat sich mein Leben durch Thorsten. Es war in einer Silvesternacht. In seiner Gemeinde zu Hause (es war der Nachbarort zu dem, in dem ich meine Kindheit und Jugend bis zum Studium verbracht hatte) gab es eine Gebetsnacht. Eigentlich waren wir ganz gut dabei, zu feiern – nein. Natürlich vollkommen gesittet und fromm.

Und doch gingen wir dann, irgendwann, als schon das neue Jahr begonnen hatte, in die Kirche, setzten uns in ein Seitenschiff und beteten.

Ich habe die Szene bis heute noch vor meinem inneren Auge – auch wenn ich gar nicht mehr genau weiß, wie es dazu kam. Aber ich weiß, dass Thorsten mich dazu gebracht hat, mein Leben noch mal neu auf Gott auszurichten und mich vom Heiligen Geist füllen zu lassen.

Und wie das bei Gott nun mal so ist: Wenn wir etwas ernst meinen, dann wirkt er aber mal so richtig.

Das Ganze hatte zur Folge, dass mein Glaubensleben um einige Dimensionen erweitert und um viele, viele Erfahrungen mit dem Heiligen Geist bis heute bereichert wurde.

Schnell nach dieser Geisterfahrung begann ich, den ganzen frommen Buchmarkt abzuscannen, und zog mir die wildeste charismatische Literatur rein. Und ich bereue es bis heute kein bisschen. Es hat mich geprägt und geformt. Manches habe ich kritisch hinterfragt, manches habe ich unkritisch übernommen – und bei allem war ich wie ein trockener Schwamm, der endlich anfing, das aufzusaugen, was ihm seit Jahren fehlte. Ich war so dermaßen verknallt in Jesus, dass ich die verrücktesten Dinge getan habe. Ich gebe zu:

Nicht alles davon würde ich heute auch wieder tun. Aber ich bin mir noch nicht im Klaren darüber, was der Grund ist: War es damals zu überzogen oder bin ich heute zu spießig?

Ich schloss mich gemeinsam mit meiner damaligen Freundin und heutigen Frau einer kleinen charismatischen Gemeinde in Heidelberg an, in der ich weiter sehr, sehr viel lernen durfte, was es denn nun heißt, ganz konkret damit zu rechnen, dass der Heilige Geist auch heute noch wirkt. Und ein weiterer Mensch war es, der in mein Leben ganz besonders hineinwirkte: Johannes. Nein. Nicht der Täufer, sondern der Pastor dieser Gemeinde. Stück für Stück nahm er mich mit auf eine Reise hinein in das Leben mit dem Heiligen Geist, wofür ich ihm bis heute unendlich dankbar bin. Mein Lebensmotto geht auf ihn zurück und es bewahrheitet sich bis heute immer wieder: *Locker bleiben und nah am Geist!*

So absolvierte ich ein Leiterschaftstraining innerhalb des Gemeindewerks, zu dem die Karlstorgemeinde in Heidelberg gehörte, unter Leitung von Rudi Pinke. Kein unbeschriebenes Blatt in der charismatischen Szene und ein von Gott übernatürlich gesegneter Mann. Was hat mich dieses Training herausgefordert und geprägt. Bis heute!

So weit zu meinen biografischen Erfahrungen und Erlebnissen mit dem Geist Gottes. Das ist nur eine Seite der Medaille, denn eine Theologie darf sich nie alleine auf biografische Erfahrungen stützen, sondern muss eine solide biblische Grundlage haben. Wenn diese fehlt, treten die wildesten Auswüchse zutage, von denen ich momentan leider mit sehr schwerem Herzen feststellen muss, dass sie in der „frommen Szene" an der Tagesordnung sind. Deswegen möchte ich dir gerne diese biblisch-theologische Grundlage auch noch geben.

In der Bibel gibt es drei wichtige Abschnitte, in denen über die sogenannten Geistesgaben oder Gaben des Heiligen Geistes gesprochen wird. Das sind Römer 12,1–8; 1. Korinther 12,1–11 und Epheser 4,11 + 12.

Diese Geistesgaben sind natürliche und übernatürliche Fähigkeiten, die Gott seinen Kindern schenkt, damit sie sich an ihnen freuen und dafür einsetzen, dass seine neue Welt immer sichtbarer und erlebbarer wird.

Denn das ist das Ziel dieser Geistesgaben: Nicht dass einzelne Personen im Mittelpunkt stehen, sondern dass Gottes Einflussbereich in dieser Welt größer und größer wird. Ich bin der festen Überzeugung, dass ohne diese Gaben des Heiligen Geistes die Gemeinde Jesu weder glaubhaft noch nachhaltig ihre Stimme in dieser manchmal so verkorksten Welt erheben kann.

Gott schenkt in seiner Souveränität diese Geistesgaben allen, die mit ihm leben. Nicht jeder bekommt alles, aber keiner bekommt nichts. Das wäre doch mal ein schönes Motto für den nächsten Kindergeburtstag: „Keiner bekommt nichts!"

Schön, oder? Keiner geht leer aus, keiner muss enttäuscht sein, keiner steht am Ende mit leeren Händen da. So ist Gott. Und ich denke mal wieder: Wow! Ja, so ist Gott! Er beschenkt jedes seiner Kinder. Keines geht leer aus. Keines bekommt nichts.

Weißt du schon, welche Geschenke Gott dir gemacht hat?

Ehrlich gesagt macht es mich traurig, wenn Menschen behaupten, dass diese Geistesgaben heute nicht mehr wirksam sind, es sie also nicht mehr gibt. Als hätte Gott dann eben doch besondere Kinder – die diese Geschenke bekommen haben, und die anderen stehen dann mit leeren Händen da. Denn gerade der Apostel Paulus schreibt immer wieder von diesen Geistesgaben und im 14. Kapitel des 1. Korintherbriefes gibt es sehr konkrete Handlungsanweisungen zum Umgang mit diesen Geistesgaben. Also gab es sie. Und heute? Soll es sie heute nicht mehr geben? Ist die Bibel also doch eher so als ein symbolisches Buch zu verstehen?

Wie kommt man auf solch einen Gedanken, dass die Gaben des Heiligen Geistes ausgedient haben? Dazu wird sehr oft und sehr beliebt die Bibelstelle 1. Korinther 13,8–10 bemüht:

Die Liebe wird niemals vergehen. Einmal wird es keine Prophetien mehr geben, das Reden in unbekannten Sprachen wird aufhören, und auch Erkenntnis wird nicht mehr nötig sein. Denn unsere Erkenntnis ist bruchstückhaft, ebenso wie unser prophetisches Reden. Wenn aber das Vollkommene da ist, wird alles Vorläufige vergangen sein.

Nun meinen manche Ausleger und Theologen, dass mit dem „Vollkommenen“ die Bibel selbst gemeint ist. Ja, genau: Die Bibel als Buch, wie wir es heute vor uns haben seit der sogenannten Kanonisierung, also dem endgültigen Zusammenfassen der biblischen Bücher zu der „Bibel“, wie wir sie heute kennen.

Das ist im 4. Jahrhundert der Fall gewesen. Nun, so meinen manche Ausleger, sei eben „das Vollkommene“, nämlich die Bibel, seit dem 4. Jahrhundert da – also bräuchte es das „Stückwerk“, die Geistesgaben, nicht mehr.

Denn diese seien nur für das apostolische Zeitalter nötig gewesen, also für die Jahrzehnte und ersten Jahrhunderte, in denen die Apostel, die Jünger Jesu und Paulus wirkten und deren Nachfolgegenerationen.

Diese Begründung ist so weit verbreitet, dass nicht wenige darauf reinfallen. Vor allem dort ist diese Begründung anzutreffen, wo eine besondere Trinität gelehrt wird: Vater, Sohn und Heilige Schrift. Der Bibel, in ihrer Gestalt als Buch, kommt in manchen Kreisen solch eine Autorität zugute, dass sie mit Gott gleichgesetzt und der Heilige Geist ein wenig in den Hintergrund gedrängt wird. Als ob aus ihm kein heiliger, sondern ein eiliger Geist wird, der seinen Platz auf dem Trinitäts-Treppchen freigeben muss für die Bibel.

Ich habe jedoch drei ganz große Fragezeichen an diese Interpretation der Korinther-Stelle sowie die Behauptung, die Geistesgaben haben aufgehört.

1. Fragezeichen: Wieso ist Gott an Raum und Zeit gebunden?

Diese Frage muss ich mir stellen, wenn etwas aufhören soll, das seinem Wesen nach göttlich ist. Und das sind die Geistesgaben nun mal, da sie von Gott selbst geschenkt werden.

Aber lehrt die Bibel nicht gerade, dass Gott ewig ist und nicht in unsere Kategorien von Raum und Zeit passt?

Ein Mensch begegnet Gott und fragt ihn: „Stimmt es, dass für dich tausend Jahre wie ein einziger Tag sind?“

Darauf Gott: „Ja, das stimmt. Das kannst du in der Bibel in Psalm 90 nachlesen.“

Der Mensch fragt weiter: „Und ist für dich dann eine Million Euro auch so etwa wie ein Cent?“

Gott: „Natürlich. Meine Kategorien sind andere als deine menschlichen!"

Der Mensch wittert seine Chance: „Kannst du mir dann bitte mal einen Cent schenken?"

Daraufhin antwortet ihm Gott lächelnd: „Klar. Warte mal kurz 'ne Sekunde."

Gut. Der Witz ist alt. Aber er bringt wunderbar zum Ausdruck: Gott ist eben gerade nicht an Raum und Zeit gebunden. Er ist souverän. Er ist der Schöpfer von Raum und Zeit und kein Geschöpf innerhalb eines Raum-Zeit-Kontinuums. Gott ist weit größer, höher und weiter, als unser menschlicher Verstand ihn auch nur ansatzweise fassen kann.

Wieso also sollten die Geistesgaben, die an sich göttlich sind, an Raum und Zeit gebunden sein?

Wenn ich diese Frage weiterspinne, dann muss ich mich auch fragen, inwiefern alles, aber auch wirklich alles, was wir in der Bibel über Gott lesen, nicht an den Raum und die Zeit gebunden ist, in der es geschrieben oder erlebt wurde. Es gibt nicht wenige Theologen, die diese Auffassung vertreten. Die Folge sind leere Kirchenbänke, denn das will ja auch keiner hören. Dann wäre die Bibel in der Tat ein Märchenbuch, ein verstaubtes, altes Buch, für das sie immer wieder gehalten wird.

Wenn dem so wäre, würde ich meinen Job an den Nagel hängen und die restlichen Seiten dieses Buches wären leer. Gut, du hättest immerhin schön viel Notizpapier und ich vielleicht einen anderen Beruf.

Aber wie gut, dass die Aussagen über die Ewigkeit des dreieinigen Gottes wahr sind – und keine Fiktion.

Von Jesus heißt es: „Er ist das Ebenbild des unsichtbaren Gottes, der Erstgeborene vor aller Schöpfung. Denn in ihm ist alles geschaffen, was im Himmel und auf Erden ist, das Sichtbare und Unsichtbare." (Kolosser 1,15 + 16)

Das ist ein nicht leicht vorstellbarer Gedanke, ich gebe es ja zu. Aber Jesus war existent, bevor er an Weihnachten mit Gold, Weihrauch und Myrrhe bedacht wurde. Jesus war existent *vor aller Schöpfung*. Er ist weder an Raum noch an Zeit gebunden, denn dies sind zwei geschöpfliche Kategorien, Jesus gibt's aber schon länger als die Schöpfung.

Nicht anders steht es um den Heiligen Geist. Im zweiten Vers der gesamten Bibel steht diese wunderbare Aussage:

„Die Erde war wüst und leer und es war finster auf der Tiefe; und der Geist Gottes schwebte auf dem Wasser." (1. Mose 1,2)

Ich stelle mir das recht bildlich vor. Wie ein Adler kreist der Heilige Geist über dem Urchaos, noch bevor die wunderbare Schöpfung Gottes ihren Lauf nahm, ehe er dann herabstürzen – und den Menschen ganz erfüllen kann.

Auf jeden Fall: mittendrin statt nur dabei. Und zwar bevor die ganze Show losging. Also auch der Heilige Geist: schon immer gewesen, schon immer am Start – nicht an Raum und Zeit gebunden.

Und wenn wir schon bei der Schöpfung sind, dann erkennen wir auch deutlich, dass Vater-Gott schon vor aller Zeit existent war. Denn immerhin schafft er es, nur mit Worten diese Welt zu erschaffen. „Und Gott sprach ... und es wurde!" Das lesen wir mehrmals in der Schöpfungserzählung.

Faszinierend, was Gott mit seinen Worten allein so alles anrichten kann – wenn ich daran denke, wie ich meine Kinder erziehe, und an die vielen, vielen Worte, die ich dabei gebrauche – da hat so ein göttlicher Schöpfungssprechakt in der Tat etwas.

Gott ist nicht an Raum und Zeit gebunden – weder der Vater noch der Sohn noch der Heilige Geist. Gott war in seiner ganzen Dreiheit an der Schöpfung beteiligt und vor der Schöpfung existent. Wieso um alles in der Welt sollte er sich jetzt verändert haben?

2. Fragezeichen:
Ist mit dem „Vollkommenen" die Bibel gemeint?
Nein! Sorry, dass ich die Antwort so schnell vorweggenommen habe. Aber ich will es dir erklären.

Zum einen wird nirgends sonst in der Bibel diese selbst als vollkommen oder als das Vollkommene beschrieben. Versetzen wir uns einmal in die Zeit der Abfassung einzelner Schriften. Wir müssen dabei einen Zeitraum von vielen, vielen hundert Jahren bedenken. Wie kann man nun auf die Idee kommen, dass die Summe dieser Schriften das Vollkommene wäre?

In der Bibel selbst gibt es immer wieder Aussagen über sie selbst. So wird sie oft „die Schrift" genannt. „Denn die ganze Heilige Schrift ist von Gott eingegeben. Sie soll uns unterweisen; sie hilft uns, unsere Schuld einzusehen, wieder auf den richtigen Weg zu kommen und so zu leben, wie es Gott gefällt." (2. Timotheus 3,16)

Dabei wird aber keine Aussage darüber getroffen, ob sie vollkommen ist, sondern welche Funktion und welchen Nutzen sie hat. Paulus wusste schon, was er an seinen Schüler Timotheus schreibt. Er selbst wäre wohl nie auf die Idee gekommen, seine Briefe als vollkommen zu bezeichnen.

Paulus selbst gibt aber in 1. Korinther 13,12 die Antwort darauf, was das Vollkommene ist: „Jetzt sehen wir nur ein undeutliches Bild wie in einem trüben Spiegel. Einmal aber werden wir Gott von Angesicht zu Angesicht sehen. Jetzt erkenne ich nur Bruchstücke, doch einmal werde ich alles klar erkennen, so deutlich, wie Gott mich jetzt schon kennt."

Der Moment, in dem du nach deinem irdischen Leben als Christ in die andere Realität kommst und vor Gott stehst – das ist das Vollkommene. Denn dort hört alles menschliche Stückwerk auf.

3. Fragezeichen:
Können Geistesgaben vorläufig sein?

Diese Frage ist eigentlich eine Frechheit. Natürlich können sie das nicht! Aber wer davon ausgeht, dass sie heute nicht mehr existieren, der muss diese Frage mit ja beantworten und damit Gott selbst als vorläufig bezeichnen. Diese Gedankenfolge ist so wirr, dass sie fast schon wehtut.

Wenn die Geistesgaben in sich göttlich sind, dann tragen sie Gottes Wesen. Und was bitte schön ist das für ein Gott, der vorläufig ist? Kommt dann irgendwann Gott 2.0 oder Gott reloaded? Vielleicht schüttelst du gerade den Kopf – und das ist auch gut so. Denn natürlich haben wir es nicht mit einem vorläufigen Gott zu tun, der quasi wie deine Lieblings-Smartphone-App (lass mich raten: WhatsApp!) ständig weiterentwickelt wird. Das widerspricht Gottes Wesen total, denn dann hätten wir es mit einem unberechenbaren Gott zu tun. In der Bibel wird er uns aber ziemlich genau beschrieben und dargestellt. Sein Wesen erkennen wir aus der Bibel. Und zwar ganz – nicht vorläufig.

Warum sollte Paulus uns dann den Rat geben, dass wir nach den Geistesgaben streben sollen (1. Korinther 14,1)? Wenn sie doch ohnehin nur vorläufig sind, können wir es eh bleiben lassen.

Wir kennen das doch aus dem ganz alltäglichen Leben. Wir streben nach den Dingen, die für die Ewigkeit Bestand haben sollen – oder zumindest nach den Dingen, von denen wir meinen, dass sie vollkommen wären: die perfekte Liebe, der Traumberuf, der tadellose Partner. Wir wollen Momente des Glücks einfrieren für die Ewigkeit: der malerische Sonnenuntergang, die Geburt unserer Kinder, das „Ja" des Partners, der die eigene Liebe erwidert. Wir streben nicht nach Dingen, die vorläufig sind. Davon haben wir genug. Sie machen uns weniger Freude als Ärger. Streben wollen wir nach dem, was ewig ist – oder zumindest den Anschein danach hat.

Im Blick auf die Geistesgaben dürfen wir aber einen Fehler nicht machen: Dass sie nicht vorläufig sind, bedeutet nicht, dass wir eine bestimmte Gabe ein für alle Mal haben – und sonst keine. Beim besten Willen nicht.

Durch die gesamte Bibel zieht es sich wie ein roter Faden, dass Gott sein Bodenpersonal mit den Dingen ausgestattet hat, die es für einen jeweiligen Auftrag und für seine Berufung benötigt:

Samson hatte Bärenkräfte.

Mose konnte plötzlich ganz eloquent vor den Pharao treten.

Paulus hatte Kraft trotz körperlicher Schwäche.

Petrus hatte Visionen, als er sie brauchte.

Esther war von Kühnheit und Mut erfüllt, weil ihre Berufung war, ein ganzes Volk zu retten.

Und wenn die Aufgabe erledigt ist? Auftrag ausgeführt – und dann? Ja dann kann es sein, dass Gott dir ganz neue Gaben schenkt. Deswegen bin ich ein großer Freund davon, immer wieder zu prüfen und zu entdecken, welche Geistesgaben Gott dir schenkt. Dazu können sogenannte „Gabentests" eine sehr gute Hilfe sein. Einschlägige Literatur gibt es wie Sand am Meer.

Ich weiß sehr wohl, dass die Frage nach den Geistesgaben ein heißes Eisen ist. Aber genauso weiß ich auch, dass wir die Gaben des Heiligen Geistes, wie sie im Neuen Testament bezeugt sind, mehr denn je nötig haben, damit die Gemeinde Jesu ihre ganze Schönheit, Dynamik und Kraft entfalten kann.

Gott macht uns mit diesen Gaben ein ganz wunderbares Geschenk und ich frage mich manchmal wirklich, weshalb es so viele Christen gibt, die sich erst gar nicht dranmachen, das Geschenk auszupacken.

Stell dir mal ein schön verpacktes Geschenk vor. Sagen wir: ein Geschenk für ein Kind. Buntes Geschenkpapier mit einem schönen Geschenkband. Es raschelt und knistert, es fühlt sich gut an. Die Spannung steigt. Was ist da wohl drin?

Du überreichst das Geschenk deinem Kind mit den Worten: „Schau mal, ich habe hier ein ganz besonderes Geschenk für dich." Und dein Kind antwortet: „Danke, Papa, danke, Mama, aber ich habe keine Lust auf Geschenke. Das ist nicht so mein Ding. Ihr könnt es mitnehmen oder dahinten in die Ecke zu den anderen unausgepackten Geschenken stellen. Ganz wie ihr wollt."

Bitte suche schnellstmöglich den Kinderarzt deines Vertrauens auf, wenn dieser Fall einmal eintreten sollte. Bei uns ist das anders. „Schau mal, ich habe ...“, weiter komme ich nicht, denn dann haben meine Kinder mir das Geschenk schon aus den Händen gerissen und im nächsten Augenblick haben sie das Geschenk in der Hand – und zwar ohne Geschenkpapier und Geschenkband.

Und ich? Ich freue mich. Ich sehe die strahlenden Kinderaugen. Ich sehe die Dankbarkeit – ja, richtig. Ich sehe sie. Hören kann man sie ja immer so schlecht, weil „Danke“ ein Fremdwort in Kindersprache ist – bei dir natürlich nicht, denn deine Kinder sind wohlerzogen.

Und ich glaube, dass Jesus wieder einmal recht hatte, als er sagte: „Wenn ihr euch nicht ändert und so werdet wie die Kinder, kommt ihr nie in Gottes neue Welt.“ (Matthäus 18,3)

Mach's wie Gott: Werde Kind! Nimm das Geschenk. Pack es aus. Freu dich daran. Sag danke – und spiel damit, so viel du möchtest. Und sei dir sicher: Gott freut sich darüber und trommelt gerade seinen himmlischen Hofstaat zusammen, um die nächsten Geschenke zu verpacken.

JETZT WIRD'S KONKRET:

1. Nimm deine Bibel und lies die Stellen zu den Geistesgaben sehr aufmerksam und betend durch: Römer 12,1-8; 1. Korinther 12,1-11 und Epheser 4,11+12. Was will der Heilige Geist dir dabei sagen? Bei welcher Gabe bleibst du besonders hängen?

2. Suche dir einen Gabentest deines Vertrauens aus. Am besten einen, der auch eine Fremdwahrnehmung

mit einschließt, also einen Test, bei dem dir nahestehende Menschen, die dich gut kennen, diesen Test für dich mit ausfüllen. Gute Erfahrungen habe ich mit dem Test *Die drei Farben deiner Gaben* von Christian A. Schwarz[1] gemacht. Denn es ist klar: Wenn du an einen Gabentest rangehst, wirst du aufgrund der Fragestellung schon merken, um welche Gabe es geht. Das kann das Ergebnis beeinflussen. Und diesen schlechten Einfluss minimierst du am ehesten dadurch, dass auch andere für dich den Test machen.

3. Rede über das Ergebnis mit deiner Gemeindeleitung. Es ist so wichtig, dass du damit nicht für dich alleine bleibst, sondern den Rahmen findest, in dem du nun loslegen und deine Gaben einbringen kannst. Sollte „Geistesgaben" ein Fremdwort für deine Gemeindeleitung sein – kein Problem. So machst du sie sensibel dafür und das Gespräch wird auf jeden Fall gewinnbringend sein. Darauf kannst du dich verlassen!

1 Das Buch kannst du unter https://3colorworld.org/de/books/ministry bestellen oder den Test gleich online machen.

5. WUNDER GAB ES ZU BIBLISCHEN ZEITEN, HEUTE ABER NICHT MEHR

Ich höre das immer wieder und bin entsetzt. Denn dann müsste sich Gott seinem Wesen nach komplett geändert haben. Wunder gibt es im Alten Testament wie auch im Neuen Testament.

Mose durchquert mit dem gesamten Volk Israel – und das waren wohl mehrere hunderttausend Menschen – trockenen Fußes ein Meer. In der Wüste wird das Volk jeden Tag auf wundersame Weise mit Nahrung versorgt. Durch den Propheten Elia wird ein junger Mann, der tot war, zum Leben erweckt. Daniel, der Mann Gottes, wird in einer Grube voller hungriger Löwen gerettet. Das ist nur eine kleine Auswahl an Wundern im Alten Testament.

Im Neuen Testament geht es aber gerade so weiter: Jesus macht aus Wasser Wein, er läuft auf dem Wasser und stillt ein Unwetter allein durch die Macht seiner Worte. Dämonen fahren aus Menschen aus, Kranke werden geheilt, Tote leben wieder und Jesus besiegt letzten Endes den Tod selbst.

Die Liste ließe sich natürlich noch endlos fortsetzen.

Aber – was ist eigentlich ein Wunder?

In drei konzentrischen Kreisen will ich mich dieser Frage von außen nähern.

Das Wort „Wunder“ ist in unserem Sprachgebrauch, wie auch das Wort „Sünde“, seiner eigentlichen Bedeutung oft entfremdet worden und wird für Sachverhalte herangezogen, die unglaublich scheinen oder scheinen sollen. Aber ob das immer Wunder sind, sei mal dahingestellt.

Schon auf dem äußeren der drei konzentrischen Kreise findet ein ungaublicher Showdown statt. Wäre dieser Abschnitt ein Film, dann stell dir monumentale Musik von Hans Zimmer vor. Male dir aus, wie zunächst eine Spannung durch Streicher und vereinzelte Pauken erzeugt wird, die sich dann in einem Feuerwerk aus einer orchestralen Explosion just in dem Moment entlädt, wo das Übernatürliche auf das Natürliche trifft. Denn genau das geschieht bei einem Wunder. Unsere irdische Welt, dein irdisches Leben, die ganzen alltäglichen Umstände, was wir an der Oberfläche sehen und wovon wir meinen, dass es das wahre Leben wäre, wird heimgesucht. Heimgesucht vom Übernatürlichen, von Gott selbst.

Gottes ewige Schaffenskraft, seine unbeschreibliche Kreativität und Leidenschaft für die Menschen, trifft in einem ganz bestimmten Punkt menschliche, irdische Existenz und es geschieht etwas, das mit keinem Verstand erfasst und keinem menschlichen Erklärungsmuster plausibel gemacht werden kann.

So geschehen, als Jesus beispielsweise einen Sturm auf hoher See beruhigte (nachzulesen in der Bibel, Markus 4,37–41). Dieser tobt unbändig, und die Freunde von Jesus haben Todesangst in ihrem kleinen Boot. Jesus befiehlt dem Sturm, er solle still sein – und er ist still.

Alle Lehrerinnen und Lehrer, Erzieherinnen und Erzieher lesen diese Stelle meist voller Neid – aber auch jeder, der einmal Jungschar oder Kindergottesdienst gemacht hat, weiß, dass alleine den Sturm des Temperaments einer Kindermenge zu stillen ein schier aussichtsloses Unterfangen ist. Wie viel mehr muss es doch ein Wunder sein, wenn Jesus nur spricht – und der Sturm hört auf und ist still. Das Übernatürliche trifft auf das Natürliche.

Eine ebenso bekannte Geschichte, die jeder schon einmal gehört hat, der eine gut sortierte Gemeindekinderstube in Jungschar oder Kindergottesdienst durchlaufen hat, ist die Heilung eines blinden Mannes namens Bartimäus (nachzulesen in der Bibel, Markus 10,46–52).

Ein blinder Mann sitzt am Wegesrand, hört davon, dass Jesus in die Stadt kommt, und er schreit aus Leibeskräften, sodass Jesus ihn auf keinen Fall überhören kann. Der will nur wissen, was der blinde Mann von ihm will, und natürlich sagt dieser: „Ich will wieder sehen können." Und zack – kann er wieder sehen. Faszinierend? Auf jeden Fall! Denn das Übernatürliche trifft auf das Natürliche.

Es ist ein elektrisierender Moment, wenn dies geschieht. Wenn die übernatürliche Realität auf die natürliche Realität trifft. Wenn Göttliches auf Menschliches trifft. Wenn göttliche Ewigkeit menschliche Endlichkeit berührt. Das ist der Moment eines Wunders. Faszinierend, erstaunlich – aber nicht erklärbar, sondern nur zu glauben – oder eben nicht.

Ein Wunder ist also mehr als etwas, das nicht erklärbar ist.

Kinder, die gerne ihr Zimmer aufräumen, sind also noch lange keine Wunderkinder, aber auf jeden Fall etwas Besonderes.

Frauen, welche die Abseitsregel verstehen, sind auch noch keine Wunderfrauen, sondern lediglich fußballerisch begabte Menschen (und das ist ja auch schon mal was).

Männer, die das erledigen, was ihre Frauen ihnen auftragen, sind auch noch keine Wunderknaben, sie haben lediglich erkannt, dass es sich auf Dauer besser zusammenleben lässt, wenn sie hin und wieder auch das tun, was ihre Frau von ihnen will. (Okay, ich gebe es zu: Es ist eigentlich immer das Beste. Eigentlich ...)

Natürlich hat das Wort Wunder in unserem Sprachgebrauch schon längst seinen Platz – aber in den seltensten Fällen trifft es auch nur annähernd das, was ein Wunder eigentlich ist. Und deshalb bewegen wir uns mal auf den zweiten konzentrischen Kreis zu und kommen dem Kern eines Wunders noch näher.

Hast du dich schon einmal gefragt, *für wen* Wunder eigentlich gedacht sind?

Die Antwort könnte lauten: für Gott selbst. Das könnte in der Tat auch korrekt sein – aber glaubst du nicht auch, dass das auf Dauer ziemlich langweilig wäre für Gott selbst und seinen himmlischen Hofstaat? Ich meine, jeder einzelne Engel weiß, dass Gott Wunder tun kann. Und egal, ob es der Vater, der Sohn oder der Heilige Geist ist – jeder weiß, dass der andere Wunder tun kann.

Falls es für dich ein wenig befremdlich sein sollte, wie ich an dieser Stelle von der Dreieinigkeit schreibe, nun, dann will ich dich beruhigen und mich erklären: Ich habe nicht erst im Studium, sondern auch schon davor gelernt, dass Gott eine Person ist und dass diese Wesensart des Personseins auf jede einzelne göttliche Person zutrifft: auf den Vater, den Sohn und den Heiligen Geist. Also glaube ich auch, dass diese drei miteinander in irgendeiner Weise kommunizieren – wie auch immer. Genauer kann ich dir das natürlich nicht sagen, aber worauf ich hinauswill: Sie alle wissen vom anderen, was er kann. Also wieso sollten sie sich dann gegenseitig mit Wundern überraschen?

Das ist so spannend wie die Zeitung von gestern.

Auf diesem zweiten konzentrischen Kreis wird vielmehr deutlich, dass ein Wunder eines ist: ein göttliches Geschenk an uns Menschen.

Wenn ich meinen Kindern ein Geschenk mache, dann doch nicht, um mir selbst auf die Schulter zu klopfen und mir einzureden, ich sei ein toller Papa. Vielmehr mache ich meinen Kindern ein Geschenk, weil ich möchte, dass sie sich freuen, dass sie Freude am Leben haben. Ich mache es nicht einmal, um ihre Liebe und Aufmerksamkeit zu gewinnen. Ich mache es sogar ziemlich unvernünftig oft. Ich glaube, meine Kinder wissen das schon. Wenn meine Frau am Wochenende nicht zu Hause ist (das kommt nicht so oft vor, aber hin und wieder), dann ist Papa-Wochenende-Anarchie. Dann leben wir so, als würde gesunde Ernährung erst noch erfunden werden und als ob meine Kinder gar keine Spielsachen haben und wir natürlich unbedingt und auf jeden Fall Spielzeug einkaufen müssen. Manchmal sage ich meiner Frau, ehe sie in das Wochenende fährt, dass sie ungefähr eine Woche benötigen wird, um die Kinder wieder in Spur zu bekommen. Okay, es ist nicht so schlimm. Also fast nicht schlimm. Vielleicht ein kleines bisschen, okay, das gebe ich zu.

Aber wenn ich meinen Kindern auch an solch einem Wochenende Geschenke mache (und wir reden hier wirklich nicht von exorbitant großen Geschenken, sondern von Kleinigkeiten – in meinen Augen), dann mache ich sie ihnen aus einem einzigen Grund: Ich möchte ihnen eine Freude damit machen.

Und nicht anders verhält es sich mit göttlichen Wundern. Gott selbst macht den Menschen mit Wundern eine Freude.

Was waren die Freunde von Jesus happy, als der Sturm endlich aufhörte zu toben und sie wieder in aller Ruhe weiterschippern konnten.

Was war Bartimäus froh, dass er endlich wieder sehen konnte.

Ich glaube, wir können nicht einmal ansatzweise erahnen, wie es den Freunden von Jesus und wie es Bartimäus ging.

Wie es dem Gelähmten ging, der wieder gehen konnte.

Wie es dem Volk Israel ging, als es trockenen Fußes ein Meer durchquert hat.

Wie es Maria ging, von der böse Geister ausgefahren sind.

Wie es Lazarus ging, der tot war und wieder lebte.

Es gibt so viele Menschen in der Bibel, die ein Wunder erlebt haben und deren Leben sich von jetzt auf nachher verändert hat, weil Gott nichts anderes vorhatte, als ihnen ein Geschenk zu machen.

Wenn wir jetzt Lust hätten, eine Runde philosophisch zu werden, dann könnten wir uns sogar recht schnell vorstellen, dass das Besondere an diesem Geschenk ist, dass Gott selbst sich verschenkt. Wenn ein Wunder ein göttliches Geschenk ist mit dem Inhalt, dass das Übernatürliche auf das Natürliche trifft, dann schenkt sich in diesem Geschehen Gott selbst. Das ist so abgefahren und verrückt, dass wir es nicht ganz begreifen können. Klar, wie auch, wir sind ja nur Menschen.

Aber für mich ist das ein absolutes Alleinstellungsmerkmal, wo doch in anderen Religionen der Mensch allerhand leisten und tun muss, um die Leiter zu Gott empor zu erklimmen, dass es geradewegs faszinierend ist, dass in einem Wunder sich Gott selbst verschenkt.

Dort, wo wir in der Bibel lesen, dass Menschen ein Wunder erlebt haben, dort hat sich Gott selbst ihnen geschenkt. Sie haben Gott erlebt. Sie haben ihn erfahren.

In der Bibel wird uns das oft recht schlicht dargestellt, dabei kann ich mir vorstellen, dass die Menschen noch begeisterter, berührter und schlichtweg noch „umgehauener" waren, als das heutzutage jeden Samstag zwischen August und Mai in den Fußballstadien dieser Republik der Fall ist.

Aber ganz ehrlich: Ist die Botschaft der Bibel doch ohnehin schon Stein des Anstoßes und manchmal nur schwer zu glauben – wer hätte denn dann den Christen noch Glauben geschenkt, wenn man gelesen hätte, wie es die Menschen verspult und weggebeamt hätte? Also blieb den biblischen Zeitzeugen doch gar nicht viel anderes übrig, als das, was da Unglaubliches geschah, recht kühl und sachlich zu beschreiben, in der Hoffnung, dass wenigstens ein paar Menschen den Berichten dann Glauben schenken würden. Und doch haben diese Menschen Gott auf so besondere Weise erlebt, dass es sie wohl auch körperlich berührt hat.

Und das führt uns direkt auf den dritten konzentrischen Kreis, der beschreibt, was ein Wunder ist. Es ist ein Beweis für den Glauben.

Hä? Ja, ja, ich kann die Fragezeichen in deinen Augen sehen und auch die Überschläge, die dein biblisch getrimmtes Gedächtnis nun macht.

Wunder sind ein Beweis für den Glauben?

Nun, lies es mal so, dass die Betonung nicht auf „Beweis", sondern auf „Glauben" liegt, okay? Dann klingt das nämlich schon ein wenig anders.

Und doch werden schon in der Bibel Wunder immer wieder als eine Art „Glaubensbeweis" oder Beweis der Größe Gottes herangezogen.

Viele Psalmbeter betonen das Wunder des Schöpferwirkens Gottes. Viele Propheten nehmen Wunder als eine Art Beweis ihres Gesandtseins in diese Welt.

Wunder sollen immer wieder dazu dienen, den Glauben zu „beweisen" oder, besser gesagt, eine Art Indiz für den Glauben zu sein. Denn dieser ist im Letzten natürlich nie beweisbar. Weil Beweise mit unserem Verstand erarbeitet und verarbeitet werden. Vielleicht erinnerst du dich noch dunkel an dieses komische Fach in der Schule, bei dem du dich immer gefragt hast, wozu das einmal gut sein soll, und das wie ein Damoklesschwert über deiner schulischen Laufbahn stand: Mathematik. (Ich kann es leider nicht verstehen, da ich dieses Fach geliebt habe und mein Abitur mit Mathematik-Leistungskurs bestritt – auch wenn das Ergebnis alles andere als ein Beweis dafür war, dass ich eigentlich gut in Mathematik war, aber das ist wiederum ein ganz anderes Thema.)

Beweise füttern unseren Verstand. Vieles, was wir nicht beweisen können, können wir auch nicht für „wahr" und richtig halten. Und deswegen sind Wunder eben „Beweise" für den Glauben – und nicht für das Wissen. Das Wissen negiert Wunder. Das Wissen steht im Widerstreit mit Wundern.

Unser Wissen, unser Verstand sagt: Mit einem Sturm

kann man nicht reden, und zum zweiten legt er sich auch nicht, falls man das dann doch getan haben sollte.

Ein Wunder hingegen füttert unseren Glauben, der nicht verächtlich, aber doch selbstsicher auf den Verstand schielt und sagt: „Siehst du, habe ich dir doch gleich gesagt: Es geht doch!“ Und so leben Wissen und Glauben beide von ihren „Beweisen“.

Für das Wissen sind es mathematische Grundannahmen, für den Glauben sind es Wunder. Nicht dass sich beide ausschließen würden, aber ich würde nicht behaupten, dass es die besten Freunde sind.

Und damit kommen wir zur Ausgangsfrage zurück: Viele glauben, oder wollen andere glauben machen, dass es Wunder zu biblischen Zeiten gab, aber nicht mehr heute.

Du kannst einem Deutschen alles wegnehmen. Eines hat er am Ende dennoch: Bedenken.

Und das äußert sich theologisch eben auch darin, dass viele meinen, dass es Wunder, wie sie in der Bibel überliefert worden sind, heute nicht mehr gibt.

Wenn dem so sein sollte, dann müssen wir uns ganz ehrlich fragen: Ist Gott heute anders als zu Zeiten der Bibel? Glauben wir an einen Gott, der sich über die Jahrhunderte hinweg gewandelt hat?

Es ist die gleiche Frage wie bei den Gaben des Heiligen Geistes: Glauben wir immer noch an den Gott der Bibel, wenn wir sagen, heute gibt es keine Wunder mehr? Und wie verhält es sich mit folgender Aussage in der Bibel: „Denn Jesus Christus ist immer derselbe – gestern, heute und in alle Ewigkeit“ (Hebräer 13,8)? Wenn dieser Jesus derselbe zur Zeit des Neuen Testaments und zur heutigen Zeit ist – wer kann dann behaupten, dass es keine Wunder mehr gibt, wenn der, der Wunder tut, sich nicht verändert hat, sondern immer derselbe ist?

Wenn Gott heute derselbe ist wie damals – dann liegt die Beweislast eindeutig bei demjenigen, der behauptet, heute gibt es keine Wunder mehr.

Wie also sehen diese drei konzentrischen Kreise dann heute aus, wenn sich Gott doch nicht geändert hat und wenn du nicht glauben sollst, dass es Wunder nur zu biblischen Zeiten gab?

Dann sieht es nämlich so aus, dass auch heute noch das Übernatürliche das Natürliche trifft. Dann geschehen auch heute noch Wunder in ganz unterschiedlicher Form. Natürlich – oder soll ich sagen „übernatürlich" – geschehen auch heute noch Heilungen! Tut mir leid, liebe Ärzte, aber ihr seid nicht die einzigen Experten auf dem Gebiet Gesundheit, Krankheit und Heilung. Denn wenn Gott auch heute noch übernatürlich in unser Leben eingreift, dann geschieht das auch durch Heilungen – und dazu musst du nicht Bartimäus heißen.

Wenn aber auch zutrifft, dass Wunder unverfügbar sind, dann geschehen Heilungen nicht bei jeder Krankheit. Auch das ist biblisch.

Denn in dem Moment, als Jesus sich einem Menschen in Liebe zuwandte und diesen von seiner Krankheit erlöste und ein Heilungswunder geschah, geschah es in diesem einen Moment eben bei diesem einen Menschen – und bei allen anderen nicht. Und auch zu biblischen Zeiten sind Menschen gestorben – auch an ihren Krankheiten. Es liegt also nach wie vor in Gottes Hand, wo er heute noch übernatürlich eingreift und wo Heilungen geschehen.

Dabei sind Heilungen nicht die einzigen Arten von Wunderwirkungen Gottes in unserer heutigen Zeit. Ich denke dabei auch an übernatürliche Versorgung, an Gottes Eingreifen in beruflichen Dingen, aber auch in finanzieller Versorgung. Und nicht zuletzt geschieht das allergrößte Wunder dort, wo ein Mensch erkennt, dass er Jesus braucht, um eines Tages nach seinem Leben hier auf der Erde bei Gott selbst weiterzuleben und nicht in der ewigen Gottesferne. Dort, wo ein Mensch umkehrt von seinen selbstbezogenen Wegen und sich der Führung Jesu in seinem Leben anvertraut, geschieht in meinen Augen das größte Wunder.

Das ist gleichzeitig ein Ausdruck des zweiten konzentrischen Kreises: Auch heute lässt Gott selbst Wunder geschehen, um seine Kinder damit zu beschenken. Es ist doch nicht so, dass sich der Charakter Gottes geändert haben sollte über die Jahrhunderte und Jahrtausende seiner Geschichte mit den Menschen.

Durch die gesamte Geschichte der Menschheit zieht sich wie ein roter Faden, dass Gott in unser Leben eingreift, dass er Wunder geschehen lässt, um uns eine Freude und ein Geschenk zu machen.

Und auch heute noch gilt, dass Wunder der größte Beweis für den Glauben im Sinne des Nichtwissens sind. Und Gott weiß doch, dass seine Kinder immer mal wieder auf solche Wunder angewiesen sind. So sind wir Menschen einfach gestrickt. Wunder sind nicht die einzige Nahrung, die unser Glaube benötigt, aber doch ein elementarer Bestandteil unseres Glaubens schlechthin. Denn sie geben uns einen kleinen Einblick in die göttliche Realität. Sie geben uns einen kleinen Einblick darin, wie das Übernatürliche immer wieder unsere natürliche Realität trifft. Und sie zeigen uns auch heute noch, dass Gott ein Gott ist, der seine Kinder über alles liebt. Wo ich als unzulänglicher Mensch und Vater doch schon versuche, meinen Kindern immer wieder eine Freude durch Geschenke zu machen – wie viel mehr will Gott das tun und tut das immer wieder!?

In der jüngsten Vergangenheit sehe ich immer mehr, wie der Atheismus um sich greift; wie Menschen versuchen, ihren Nichtglauben an ein göttliches Wesen öffentlich zur Schau zu stellen, ja fast schon missionarisch damit hausieren gehen, dass es vielleicht ja einen Gott gibt, aber dass das Leben ohne ihn doch besser wäre (was in meinen Augen natürlich größter Quatsch ist). Aber spätestens an dem Punkt, an dem sie mit Wundern konfrontiert werden, müssen sie zugeben (was sie aber meistens nicht tun), dass die Beweislast für einen Glauben an Gott schier erdrückend ist, weil dieser Gott sich auch heute immer und immer wieder durch Wunder offenbart.

Nicht selten kommt es vor, dass meine Kinder mich fragen, wenn ich einmal ein paar Tage weg war: „Papa, hast du uns etwas mitgebracht?“

Und eigentlich ist diese Frage auf Gott gemünzt gar nicht so doof. Denn Gott bringt uns jede Menge mit – und manchmal zeigt er uns das mit einem Wunder. Mit etwas, das unseren menschlichen Verstand bei Weitem übersteigt. Und das kann wie oben beschrieben ganz unterschiedlicher Natur sein – aber immer wieder erkennen wir darin, dass Gott auch heute noch Wunder tut.

Und deswegen ist es in meinen Augen nicht nur nicht falsch, sondern unerlässlich, dass wir Gott um Wunder bitten. Manchmal können wir auch gar nichts Besseres tun – bei Krankheiten, bei zerfahrenen Situationen im Beruf, bei gestörten Beziehungen in der Familie oder in der Verwandtschaft, bei aussichtslosen finanziellen Situationen oder auch dort, wo wir einen Menschen liebevoll zu einem Leben mit Jesus einladen, dieser aber immer wieder dankend (oder auch nicht) ablehnt.

Was bleibt uns denn dann? Den Kopf in den Sand stecken? Warum nicht einfach um ein Wunder bitten und darauf vertrauen, dass das Übernatürliche das Natürliche trifft?

Ich habe vollstes Verständnis dafür, dass manch einer müde wird, weil er in einer bestimmten Angelegenheit Gott schon lange in den Ohren liegt und um ein Wunder bittet, weil alle menschlichen Möglichkeiten ausgeschöpft sind. Und es liegt nicht in unserer Hand, sondern es liegt in der Hand Gottes, dass und wie er auf unsere Bitten reagiert. Auch wenn wir es oft anders tun würden, so bleibt uns nichts, als zu vertrauen, dass Gott es gut meint.

Kein Verständnis habe ich jedoch für den, der sagt, dass Wunder in biblischer Zeit oder eben in den biblischen Überlieferungen stattgefunden haben, heute aber eben nicht mehr. Denn da beginne ich wirklich zu zweifeln, ob wir noch das gleiche Verständnis von Gott haben oder nicht.

Wenn schon ich manchmal verschwenderisch bin im Umgang mit meinen Kindern und ihnen Geschenke machen möchte – umso mehr ist es Gott. Verlass dich drauf!

Alleine die Gaben des Heiligen Geistes, um die es im Kapitel zuvor ging, sind ein Ausdruck dafür, dass Gott uns gerne beschenkt und uns gerne eine Freude macht.

JETZT WIRD'S KONKRET:

1. Nimm einmal ein leeres Blatt Papier zur Hand. Teile es mit einem senkrechten Strich in zwei Spalten und schreibe links „PRO“ und rechts „KONTRA“ als Überschrift über die Spalten. Und jetzt überlege dir mal Argumente, die für (pro) oder gegen (kontra) Wunder auch in unserer Zeit heute sprechen. Vergiss dabei aber nicht das, was in der Bibel in Hebräer 13,8 steht.

2. Gib nicht auf! Auch dann nicht, wenn du meinst, dass Gott dich nicht hört. Er hört dich. Ganz sicher! Seine Antwort könnte nur anders aussehen, als du es dir vielleicht erhoffst. Bete weiter! Vertraue weiter! Geh weiter mutige Schritte! Gott wird sich zu dir stellen.

3. Welche verfahrene Situation in deinem Leben kommt dir in den Sinn? Bitte Gott um ein Wunder!

6. DIE LANDESKIRCHE IST BÖSE

Es muss um die Jahrtausendwende gewesen sein. Am Tisch saßen ein paar junge Menschen, darunter ein Theologiestudent. Irgendwie kam das Gespräch auf die Landeskirche. Nicht weiter verwunderlich, denn dieses Gespräch fand im Backstagebereich eines christlichen Festivals statt. Da kann man schon mal auf die Landeskirche zu sprechen kommen.

Dieser Theologiestudent hatte schon einige Semester auf dem Buckel und erzählte aus tiefster Überzeugung, dass er keine Hoffnung für die Landeskirche mehr hätte. Die Gründe dafür lägen auf der Hand: Die Landeskirche schaue viel mehr auf Traditionen als auf Inhalte. Sie sei durchdrungen von liberaler Theologie, welche die Bibel nicht mehr ernst nähme. Dass Jesus leibhaftig auferstanden ist und der Heilige Geist auch heute noch wirkt, glaubten nicht mal alle Pfarrer – wie sollte es da nicht bergab gehen mit der Landeskirche, wenn sie nicht ohnehin schon am Tiefpunkt angelangt war?

Der Theologiestudent war sich sicher: Nein, die Landeskirche hat keine Zukunft, weil sie im Prinzip böse ist und sich billig an den Zeitgeist verkauft.

Und: Die Menschen verstünden schon, dass sie in der Landeskirche nicht viel bekämen, was sie zum Leben und Sterben brauchen – sonst wären die Kirchen voller. Aber weil die Landeskirche an sich nicht mehr viel taugte, sei es nicht weiter verwunderlich, dass sich das wahre gemeindliche, geistliche und kirchliche Leben in den freien Gemeinden abspielte. Sozusagen im Land der Verheißung, in dem Milch und Honig flössen, während im Blick auf die Landeskirche nur Tränen fließen könnten.

Die Semester und Monate gingen ins Land. Der Theologiestudent wurde durch liebevolle Menschen und den Heiligen Geist so sehr berührt und verändert, dass er inzwischen mit Leib und Seele Pfarrer der evangelischen Landeskirche ist – und du liest gerade sein Buch.

Falls du also immer noch glaubst, die Landeskirche sei böse, dann schließ sofort dieses Buch und schmeiß es weg – man weiß ja nie, was es anrichten kann, das Buch eines Landeskirchlers zu lesen.

Aber mal im Ernst: Keine Kirche ist per se böse.

Ich habe es in allen Gemeinden, in denen ich bisher tätig war, erlebt: Menschen sind auf der Suche nach Antworten auf Fragen, die ihnen das Leben mitgibt: Woher komme ich? Wer bin ich? Wohin gehe ich eines Tages? Was ist der Sinn meines Daseins? Gibt es mehr als das, was wir sehen? Gibt es Gott, und wenn ja: Wie ist er?

Und die Menschen suchen diese Antworten überall. Manche pilgern, manche gehen ins Kloster, andere machen Yoga, wieder andere fragen die Sterne und andere eben die Kirche, den Pfarrer, die Gemeinde.

In allen Gemeinden habe ich es bisher erlebt: Die menschliche Seele ist ruhelos und rastlos, bis sie einen Halt findet, der sie stärkt, der sie erfrischt, der sie belebt. Und das nicht nur für den Moment wie eine Droge, sondern dauerhaft und nachhaltig.

Und das geschieht auch in der Landeskirche – denn wo Menschen sich auf Jesus Christus als einzigem Weg zum

Heil berufen und in der Kraft des Heiligen Geistes Gemeinde bauen, dort wächst Gottes Reich hier auf der Erde – sogar in der Landeskirche. Hört, hört! Sogar in der Landeskirche!

Natürlich sehe ich nach wie vor sehr vieles kritisch in der Landeskirche. Das gebe ich offen und ehrlich zu und hoffe nicht, dass ich jetzt meinen Job an den Nagel hängen muss und nur noch Bücher schreiben darf.

Eines der schlimmsten Übel ist die „billige Gnade", wie Dietrich Bonhoeffer es nannte:

Billige Gnade heißt Rechtfertigung der Sünde und nicht des Sünders. Weil Gnade doch alles allein tut, darum kann alles beim Alten bleiben. „Es ist doch unser Tun umsonst." Welt bleibt Welt, und wir bleiben Sünder „auch in dem besten Leben". Es lebe also auch der Christ wie die Welt, er stelle sich der Welt in allen Dingen gleich und unterfange sich ja nicht – bei der Ketzerei des Schwärmertums! – unter der Gnade ein anderes Leben zu führen als unter der Sünde! Er hüte sich gegen die Gnade zu wüten, die große, billige Gnade zu schänden und neuen Buchstabendienst aufzurichten durch den Versuch eines gehorsamen Lebens unter den Geboten Jesu Christi! [...] Billige Gnade ist Predigt der Vergebung ohne Buße, ist Taufe ohne Gemeindezucht, ist Abendmahl ohne Bekenntnis der Sünden, ist Absolution ohne persönliche Beichte. Billige Gnade ist Gnade ohne Nachfolge, Gnade ohne Kreuz, Gnade ohne den lebendigen, menschgewordenen Jesus Christus.[2]

Wir verschleudern das Evangelium in der Landeskirche schlimmer als Aldi die Klamotten am Wühltisch. Was land-

---

2 Dietrich Bonhoeffer: Nachfolge, Kapitel 1 „Die teure Gnade".

auf, landab alles gepredigt wird und sich auf Jesus und das Evangelium beruft, könnte schon äußerst komisch sein, wenn es nicht so traurig wäre. Und das alles unter dem „der liebe Gott"-Deckmantel. Aber „der liebe Gott" ist wie der Hund vom Nachbarn: Der tut nicht weh. Der will nur spielen.

Und genau solch ein Gott wird in der Landeskirche in vielen Gemeinden gepredigt: Der liebe Gott tut nicht weh. Der will nur spielen. Ein wirkliches Interesse an deinem Leben hat er nicht, zudem ist er nicht ganz berechenbar.

Das ist, was Bonhoeffer „Vergebung ohne Buße, Absolution ohne persönliche Beichte" nennt: Wir verschleudern das Evangelium so sehr, dass Menschen selbst solch eine weichgespülte Variante nicht verstehen – und auch nicht wollen. Und ihre spirituellen Augen reibend, fragen sie sich: Wer oder was ist eigentlich Kirche?

Wo Jesus nur ein kleiner Revoluzzer, ein netter Mensch mit guten Lehren und ein Weltverbesserer ist, da ist es für mich kein Wunder, wenn die Menschen dieser Botschaft den Rücken zukehren und mit den Füßen abstimmen – und nicht in die Kirche gehen. Wieso auch? So was brauchen sie nicht. Das bringt ihnen nichts – nicht im Leben und nicht im Sterben.

Wirklich tragisch finde ich dabei die Tatsache, dass es hier ja nicht um etwas Kleines geht. Es geht um die Frage aller Fragen: Wie werde ich vor Gott gerecht und gewiss, dass ich meine Ewigkeit mit ihm verbringen darf und nicht ohne ihn verbringen muss?

Es ist geistlicher Missbrauch und absolut unverständlich, wie wir mit dem kostbaren Gut des menschlichen Seelenheils (ja, ein altes Wort, aber ich mag alte Wörter) umgehen. Woher kommt das?

Jetzt könnte man sofort gegen die liberale Theologie an den Universitäten, also den Ausbildungsstätten von Pfarrerinnen und Pfarrern der Landeskirche, wettern und sagen: Sie ist schuld! Aber ich glaube, da würden wir uns die Sache zu leicht machen.

Das Problem liegt viel tiefer. Das Problem ist eine geistliche Not auf allen Ebenen der Landeskirche. Ich schreibe über die Landeskirche, weil ich sie kenne und weil ich mit dem Gedanken, der diesem Kapitel den Namen gibt („Die Landeskirche ist böse"), vertraut bin. Ich schreibe nicht über andere Kirchen, denn da fehlt mir der Einblick. Und so will ich auch überhaupt nicht sagen, dass es dort besser wäre. Aber der Fokus in diesem Kapitel liegt nun eben mal auf der Landeskirche.

Und hier erlebe ich einen geistlichen Notstand auf allen Ebenen. Begonnen bei den Gemeindegliedern über die Hauptamtlichen bis hin zur mittleren und obersten Leitungsebene. Dieser geistliche Notstand äußert sich für mich darin, dass Randthemen plötzlich ins Zentrum rücken und das Zentrum selbst, Jesus Christus, immer weiter an den Rand rutscht. Ich gebe niemandem die Schuld. Das wäre vermessen und nicht richtig. Ich glaube nur, dass dies ein schleichender Prozess ist, der verschiedenen Faktoren unterliegt.

Ja, da ist zum einen das sehr kopflastige Studium an der Universität, das quasi separiert von der Realität in einem „Elfenbeinturm der Theologie" stattfindet. Und da muss es dringend raus, damit Theologie biografisch verankert werden kann, ohne dass Biografie über Theologie dominiert.

Des Weiteren glaube ich, dass einfach der Mut fehlt. Oft wird lamentiert, die Kirche gebe sich dem Zeitgeist hin. Aber warum ist das denn so? Ich glaube, weil der Mut fehlt. Es fehlt der Mut zu einem klaren Bekenntnis zu Jesus. Und das ist ja auch nicht einfach – oder drückst du jedem aufs Auge, dass Jesus dein Best Buddy ist, wenn er es denn ist? Eben! Ich möchte hier keine vorschnellen Antworten geben. Die habe ich nämlich nicht. Tut mir leid.

Aber das ist ja nicht alles, weshalb Menschen glauben, die Landeskirche sei böse. Schauen wir doch nur mal auf die Formen. Sie sind nicht das Wichtigste – nein. Beim besten Willen nicht. Aber sie machen den ersten Eindruck aus und sorgen dafür, dass es leider bei so vielen Menschen keinen zweiten Eindruck geben wird, da sie die Nase gestrichen voll haben.

Darf ich bitten? Wir begeben uns in einen durchschnittlichen landeskirchlichen Gottesdienst – wohlgemerkt: des 21. Jahrhunderts.

Wir betreten die Kirche und es kommt uns etwas entgegen: Kälte. Klar. An der Heizung muss gespart werden. Die Jacke lassen wir lieber an – es gibt ohnehin keine Garderobe im Foyer (wenn man das denn so nennen kann). Jetzt fehlt jemand, der mich freundlich hereinbittet und begrüßt, der mir sagt, wie schön es ist, dass ich gekommen bin, der mich auf die Gepflogenheiten aufmerksam macht, mir einen Platz zuweist – ach nein, das braucht er nicht. Denn ich sehe schon: Außer mir sind jetzt nicht so viele da. Die Platzwahl dürfte nicht die größte Herausforderung des Sonntagmorgens sein.

Also nehmen wir Platz. Natürlich. Auf einer harten, unbequemen und alles andere als einladenden Kirchenbank. Viele schauen ganz andächtig, ernst, streng – schaut man so, wenn man „gläubig" ist? Sei's drum. Wir tun es auch, während wir uns fragen, wer heute wohl die Gitarren und das Schlagzeug bedient, das wir noch nicht sehen, als uns der laute Klang einer Orgel aus allen Träumen reißt. Eine Orgel? Moment. Dieses Instrument kenne ich doch gar nicht. Weder aus meinem Alltag zu Hause noch von der Arbeit noch von den Lieblingsplätzen meines Lebens. Eine Orgel. Gut. Gehen wir gedanklich einfach ein paar Jahrhunderte zurück, dann passt das schon.

Und dann kommt Batman! Ach nein. Das ist der Pfarrer im Talar mit einem zweigeteilten Lätzchen, oder was ist das da an seinem Hals? Gut, diese Amtstracht ist nur ungefähr 200 Jahre alt. Gilt das bei der Kirche schon als modern?

Diesen Gedanken können wir uns einfach nicht verkneifen, als wir den Pfarrer mit salbungsvollem Singsang in der Stimme den Gottesdienst eröffnen hören und denken: „Da sind die Durchsagen in deutschen Zügen ja noch emotionaler und leidenschaftlicher als das hier."

Aber gut. Der Gottesdienst plätschert so dahin mit Liedern, deren Texte nicht ganz so eingängig sind, da sie nicht der heutigen Sprache entsprechen, aber dafür sind sie ja auch von einem Instrument begleitet, das nicht in die heutige Zeit passt. Von daher: Passt doch alles zusammen. Und am Ende hebt Batman drohend – oder wie muss ich diese Geste verstehen? – seine Arme, sodass die Ärmel seines Talars den Flügeln eines Engels gleichen. Herrlich. Kann man das irgendwo lernen?

Also sind wir am Ende des Gottesdienstes angelangt und machen das beliebte Wer-ist-als-Erster-aus-der-Kirche-draußen-Spielchen mit.

Nein, zum Glück ist das nicht in jeder landeskirchlichen Gemeinde so – aber in manchen. Und das erschüttert mich zutiefst. Wann hören wir eigentlich endlich mal auf, uns in die Tasche zu lügen? Ungefähr drei bis vier Prozent der Kirchenmitglieder der evangelischen Landeskirche kommen sonntags in den Gottesdienst. Gut, ja, zugegeben. Es könnte schlimmer sein, klar! Es könnten nur ein bis zwei Prozent sein. So kann man sich das natürlich schönreden.

Ich bin zwar ein Träumer und Visionär – aber immer auch ein Realist. Und so will ich nur ein paar Bereiche benennen, durch welche die Landeskirche zwar nicht böse ist, sich jedoch vor hausgemachten Herausforderungen sieht. Und da ich das alles auch schon in mittlerer und oberer Leitungsebene unserer Landeskirche angebracht habe, sehe ich auch kein Problem darin, das hier zu veröffentlichen. Nur bitte: Es ist keine Abrechnung mit der Landeskirche. An dem Punkt bin ich nicht. Ich will auch nicht dorthin gelangen. Ich möchte lediglich Dinge benennen, weshalb manche Menschen der Ansicht sind, dass die Landeskirche böse ist – und ich hoffe, du kommst spätestens am Ende dieses Kapitels zur Einsicht, dass sie es eben nicht ist.

Also. Steigen wir ein. Aber ich bitte dich um die richtige Haltung. Ich möchte nicht „draufhauen“ – ich möchte dich bitten, jeden Punkt, jeden Bereich als ein Gebetsanliegen zu betrachten.

Der erste Punkt überrascht vielleicht ein wenig, aber für mich ist es die Praxis der Säuglingstaufe. Ich dachte immer, dass die lautesten Aufschreie gegen Zwangsmissionierung (zu Recht) aus den Reihen der Kirchen, genauer aus den Reihen der Pfarrerinnen und Pfarrer kommen. Ich habe mich schon immer gefragt, was der Unterschied zwischen einer

Zwangsmissionierung und der Säuglingstaufe ist. Vor allem dann, wenn sie verbunden mit dem Glauben, dass dieses schreiende Bündel nun ein wiedergeborener Christ im biblischen Sinne sei, praktiziert wird. Ich weiß es einfach nicht.

In der Bibel findet sich keine einzige Stelle, in der explizit davon die Rede ist, dass Säuglinge getauft werden sollen. Und selbst die Stellen, in denen davon die Rede ist, dass sich jemand „mit seiner ganzen Hausgemeinschaft" taufen ließ, dazu heranzuziehen, die Säuglingstaufe zu legitimieren, ist für mich zumindest fragwürdig.

Ich wende mich mit meiner Bewertung dieser Praxis ausdrücklich nicht an Eltern, die ihr Kind aus geistlichen Gründen haben taufen lassen. Diese möchte ich nicht in Abrede stellen.

Ich wende mich gegen die Vorstellung und theologische Banalisierung, dass mit der heutigen Praxis der Säuglingstaufe auch nur annähernd die Taufpraxis des Neuen Testamentes gemeint sein kann – egal, ob wir die Evangelien nehmen, die Apostelgeschichte oder die Briefe.

Das Problem dabei ist, dass Kirche dadurch selbst dafür sorgt, den Grad der Verbundenheit der Menschen mit ihr so niedrig wie möglich zu halten.

„Was soll ich denn noch in der Kirche, wenn mir aufgrund von ein paar Tropfen Wasser zu Beginn meines Lebens versichert wird, dass ich auf Zeit und Ewigkeit gerettet bin? Ist doch alles gut. Paletti. Geritzt. Läuft. Da brauche ich die Kirche ja nun wirklich nicht mehr."

So oder so ähnlich denken nicht wenige Menschen heute – und die Kirche grübelt und grübelt und grübelt, woran es liegen könnte, dass so viele Menschen ihr den Rücken zugekehrt haben.

Überdies säkularisiert sich die Kirche selbst oder, besser gesagt: Sie macht sich selbst geistlich gesehen mehr und mehr überflüssig. In Predigten und theologischen Verlautbarungen der Landeskirchen und ihrer Bischöfe geht es immer mehr um Themen, die ich eigentlich in der Politik suche und von denen ich auch meine: Die dort können es wesentlich besser.

Der SPIEGEL-Kolumnist Jan Fleischhauer nannte das Ganze in der Sendung „Horizonte" im Jahr 2013 einmal „Greenpeace mit Handauflegen".[3]

Und ja: Er hat ja recht. Ich höre seitens der Kirche immer mehr Äußerungen politischer Natur und weniger geistlicher Natur. Und ja: Ich sehe hier einen kategorischen Unterschied. Natürlich ist das Evangelium immer auch politisch, keine Frage. Aber in erster Linie ist doch das Alleinstellungsmerkmal der Kirche, dass sie Aussagen über das Heil des Menschen, über sein geistliches Leben, über seine Gottesbeziehung macht. Der ganze Katalog von A wie Adam über K wie Kreuz, S wie Schuld und Z wie Zeitgeist.

Vieles, was gesellschaftlich en vogue ist, wird bei Kirchens meist sogar recht unkritisch übernommen. Das ist immer noch nicht böse, aber bedenklich. Das ist immer noch nicht böse, aber besorgniserregend. Das ist immer noch nicht böse, aber betrübt mich zutiefst.

Warum? Weil es mir doch nicht um die Institution geht, sondern um jede einzelne menschliche Seele, die so überaus kostbar und wertvoll ist, und es nichts Schöneres gibt,

---

3 Vgl. http://www.pro-medienmagazin.de/gesellschaft/detailansicht/aktuell/jan-fleischhauer-kirche-ist-greenpeace-mit-handauflegen-geworden-79754/, aufgerufen am 04.09.2016.

als zu sehen, wie ein Mensch sein Leben Jesus anvertraut und eine ganz neue Schöpfung wird.

Und dann bin ich traurig darüber, dass diese tiefe geistliche Dimension in meiner Kirche oft zu kurz kommt. Andere Dinge scheinen viel wichtiger. Sich politisch zu äußern scheint mehr an der Zeit. Aber ist dem so?

Wäre nicht gerade ein prophetisches, geistliches Wort wesentlich mehr an der Zeit? Ich vermisse selbst an zentralen christlichen Feiertagen wie Karfreitag, Ostern und Weihnachten die Dringlichkeit der christlichen Botschaft: Es gibt einen Gott, der dich rettet – auf Zeit und Ewigkeit. Jahr um Jahr bin ich enttäuscht, wenn die großen deutschen Tageszeitungen ein Medley der Karfreitags- und Osterpredigten der Bischöfe der evangelischen Kirche veröffentlichen.

Ich bin immer noch traurig darüber, dass es Pfarrerinnen und Pfarrer gibt, die nicht glauben, dass Jesus leibhaftig auferstanden ist und nur er es ist, der uns vor dem ewigen Tod rettet. Genauso traurig bin ich darüber, dass es so viele Theologinnen und Theologen gibt, die der Meinung sind, alle monotheistischen Religionen glauben letzten Endes an den gleichen Gott.

Daraus resultiert für mich etwas, das eben ein sehr schleichender Prozess ist: eine immer größer werdende Diesseitsfixierung bei immer mehr schwindender Ewigkeitsperspektive.

Dies wirkt sich natürlich und unweigerlich auch darauf aus, wie wir Gemeinde gestalten – auch in der Landeskirche natürlich.

Manchmal habe ich den Eindruck, dass die Ewigkeit keine große Rolle in meiner Kirche spielt. Zwar wirft man den

Frommen gerne vor, sie würden Methoden aus der Wirtschaft ungefragt übernehmen und alles dem Machbarkeitswahn unterordnen – andererseits frage ich mich aber, ob es besser ist, die Orientierung auf das Jenseits hin aufzugeben.

Das klingt hart, aber manchmal glaube ich, dass Christen genau so argumentieren: „Nein, ich möchte nicht auf die Ewigkeit warten. Ich möchte hier im Diesseits etwas tun: Spielplätze anstreichen, Müll einsammeln oder Mittagessen anbieten. Dadurch werden Menschen schon zu Gott finden und dadurch komme ich meinem christlichen Glauben am meisten nach."

Wirklich?

Nichts gegen Mittagessen, Müllvermeidung und Spielplatzverschönerung. Im Gegenteil. Das sollte auch dazugehören, klar. Aber wir sollten auch Dinge benennen, wie sie sind, und nicht einen frommen Mantel drüberschmeißen. Für mich ist das alles „Nächstenliebe in Aktion" – die kann christlich motiviert sein, muss sie aber nicht. Aber eines ist sicher: Wir brauchen sie! Mehr denn je, und ich möchte solche Aktionen überhaupt nicht in Abrede stellen. Ich wünschte mir sogar, in meiner Gemeinde würde es mehr davon geben!

Ich glaube aber nicht – und da habe ich ganz große und unbeantwortete Anfragen an eine missionale Theologie, sosehr ich sie schätze –, dass sich dadurch Menschen in Scharen bekehren. Ja, die Gottesdienste an anderen Orten werden registriert, die Gesellschaft etwas sozialer und es ist okay, über Gott zu sprechen. Keine Frage.

Aber ist das alles? Ist es das, wofür die Kirche hier auf der Erde ist?

Natürlich können und sollen wir als Kirche dafür sorgen, dass diese Welt besser wird – letzten Endes ist das aber nichts anderes, als politische Ungerechtigkeit auszugleichen, denn wir wissen: Güter, Ressourcen und Finanzen gibt es auf der Welt für alle genug – sie sind nur nicht fair verteilt. Insofern hat die Kirche unbedingt und immer einen politischen und prophetischen Auftrag, den sie bitte auch ernst nehmen soll – auch wenn sich ihr Wirken darin nicht erschöpft.

Und deswegen glaube ich, dass wir eine Ewigkeits-Orientierung benötigen. Aber bitte, bitte, bitte nicht als Vertröstung nach dem Motto. „Oh ja, hier auf der Erde ist alles so schlimm, aber das Beste kommt ja noch, wenn wir in der Ewigkeit vor dem Thron Gottes singen und tanzen." (By the way: Ich kann nicht tanzen und mag es auch nicht! Und jetzt?)

Ich glaube aber, dass wir eine eschatologische Qualitätssicherung benötigen, die auch mal den Finger in die Wunde legen darf und uns kritisch hinterfragt:

„Warum tust du, was du tust?"

„Hat das, was du tust, einen Ewigkeitswert oder ist es auf das Diesseits begrenzt?"

„Was würdest du denn tun und lassen, wenn Jesus morgen wiederkommt?"

„Hilft das, was du tust, anderen Menschen, dass sie die Ewigkeit mit und nicht ohne Gott verbringen?"

Alte Glaubensväter haben immer wieder gesagt: „Das Schönste kommt noch." Und da ist doch auch was dran. Auch der Apostel Paulus betont in seinen Briefen im Neuen Testament immer wieder, dass etwas noch viel Größeres, viel Schöneres und schlichtweg etwas Noch-nie-Dagewesenes auf uns wartet.

Und schaue ich in die Offenbarung, das Buch der Bibel, das über „die letzten Dinge" schreibt, dann lese ich dort etwas ganz Wunderbares:

Dann sah ich einen neuen Himmel und eine neue Erde. Denn der vorige Himmel und die vorige Erde waren vergangen, und auch das Meer war nicht mehr da. Ich sah, wie die Stadt Gottes, das neue Jerusalem, von Gott aus dem Himmel herabkam: festlich geschmückt wie eine Braut an ihrem Hochzeitstag. Eine gewaltige Stimme hörte ich vom Thron her rufen: „Hier wird Gott mitten unter den Menschen sein! Er wird bei ihnen wohnen, und sie werden sein Volk sein. Ja, von nun an wird Gott selbst in ihrer Mitte leben. Er wird alle ihre Tränen trocknen, und der Tod wird keine Macht mehr haben. Leid, Klage und Schmerzen wird es nie wieder geben; denn was einmal war, ist für immer vorbei." Der auf dem Thron saß, sagte: „Sieh, ich schaffe alles neu!" (Offenbarung 21, 1-5a)

Als Christen wissen wir: Das Leben hier ist nicht alles. Es kommt noch etwas, das unseren Verstand bei Weitem übersteigt und das wir nicht fassen können, das aber eine Faszination auf unser Leben und unseren Glauben auswirkt, dass es zum Fokus, zum Ziel wird.

Nicht dass das eine das andere ersetzt. Weder benötigen wir als Kirche Diesseitsflüchtlinge noch Jenseitsfetischisten.

Wir benötigen aber immer wieder das, was in der Theologie über das Johannesevangelium als „präsentische Eschatologie" gesagt wird, also: die geglaubte Zukunft, die schon jetzt erfahrbar wird.

Jesus als der Wiederhersteller, der jetzt schon Beziehungen wiederherstellt.

Jesus als der kommende Richter, der uns jetzt schon die Augen öffnet.

Jesus als der kommende König, der jetzt schon zu unserm Wohl regieren will.

Jesus als der kommende Retter, der jetzt schon Menschen vor dem ewigen Verlorensein rettet.

Und dann ist das „Wie" und das „Was" zweitrangig. Ja, dann mag es sein, dass ich Spielplätze streiche und ein Mittagessen anbiete für die, die sich keines leisten können. Und dann mag es genauso richtig sein, durch Zuspitzung der Predigt Menschen aufzufordern, ihr Leben zu überdenken.

Mich fordert es heraus, die jeweils andere Art und Weise, Gemeinde zu leben, mit der Ewigkeit umzugehen, sich des Diesseits anzunehmen, nicht zu verurteilen, sondern darin auch Aspekte zu sehen, die mir mit Sicherheit fehlen und dazu führen, dass ich die Menschen noch mehr liebe. Denn davon sollten wir – welchen Stil wir auch immer pflegen – angespornt sein.

So oder so – das „Wie" und das „Was" ist nicht entscheidend, solange Menschen dadurch diesem Jesus näherkommen – hier und in der Ewigkeit.

Es könnte sein, dass du jetzt erst einmal tief durchatmen musst. Das muss ich auch des Öfteren. Aber weißt du was? Ich bin von Herzen gerne Pfarrer in der Landeskirche. Hättest du mir das damals in der kleinen Runde im Backstagebereich des Festivals gesagt, hätte ich nur den Kopf geschüttelt. Mit Sicherheit hätte ich das.

Aber Gott hatte einen anderen Plan mit mir. Und Gottes Gedanken und Ideen sind bei Weitem besser als die, die ich so manchmal habe und die du so manchmal hast.

Keine Kirche ist per se böse. Auch nicht die Landeskirche. Denn Kirche ist dort, wo Menschen sich im Namen, in der Gegenwart und in der Vollmacht des gekreuzigten und auferstandenen Jesus von Nazareth versammeln. Das ist in der Landeskirche genauso der Fall wie in vielen anderen Kirchen auch.

JETZT WIRD'S KONKRET:

1. Bete für die Landeskirche an deinem Ort – egal, ob du Teil davon bist oder in eine andere Gemeinde gehst. Bete für die Menschen, die in dieser Gemeinde tätig sind und mitarbeiten. Bete für eine Erweckung und geistliche Erneuerung.

2. Lade doch mal den Pfarrer/die Pfarrerin deiner örtlichen landeskirchlichen Gemeinde auf einen Kaffee ein und rede mit ihm anstatt über ihn.

3. Solltest du nicht (mehr) zu einer Landeskirche gehören, mach doch mal was Verrücktes: Besuch den Gottesdienst und schau, in welchen Bereichen deine Gemeinde von der landeskirchlichen Gemeinde lernen kann.

7. ES GIBT KEINE HÖLLE

Wirklich nicht? Dem wollen wir mal ein wenig auf den Grund gehen und ich möchte dich vorwarnen: Es könnte sein, dass du dieses Kapitel ziemlich herausfordernd findest. Aber deswegen liest du es wahrscheinlich auch.

Was ist eigentlich die Hölle? Hier haben wir ein Problem, denn in der Bibel werden unterschiedliche Begriffe und Bilder dazu verwendet, und dann hat sich die Kunst über die Jahrhunderte hinweg einen Spaß daraus gemacht, die Hölle bildlich in Szene zu setzen. Dieser Spaß war aber leider nicht lustig, sondern dem Inhalt und der Bedeutung für die Frage nach der Hölle überhaupt nicht zuträglich. Bilder von einem Teufel(chen) mit Hörnern, Feuer und fabelhafte Wesen haben nur noch mehr dazu geführt, dass Menschen die Existenz der Hölle in den Bereich der Märchen geschoben haben. Und wer will es ihnen verübeln? Ich nicht.

Deswegen werde und kann ich auch keine Aussagen darüber machen, wie es in der Hölle aussieht – wenn es sie denn gibt.

Vielmehr will ich die Hölle einmal so definieren, dass es der Ort ist, an dem Gott nicht ist. Ein gottloser Ort sozusagen. Ein Ort ohne göttliche Liebe, ohne göttlichen Trost, ohne göttliche Hoffnung, ohne göttliche Barmherzigkeit, ohne göttliche Gnade, ohne göttliche Fürsorge, ohne Gott. Ein grauenhafter Ort!

Wir kennen ihn ja schon in unserem Sprachgebrauch,

wenn wir von der „Hölle auf Erden“ sprechen. Zum Beispiel dann, wenn wir in den Medien Berichte aus Kriegsgebieten sehen oder von Orten, an denen grausamste Verbrechen begangen werden. Orte ohne Gott.

Oder wenn jemand „die Hölle durchmachen muss“, dann geht er durch Phasen und Erlebnisse, in denen Gott (vermeintlich) nicht ist, und erlebt Dinge, die er sich schlimmer nicht vorstellen kann.

Insofern haben wir alleine schon in unserem alltäglichen, nicht religiösen Sprachgebrauch die Hölle mit an Bord.

Und ich glaube, es ist gar nicht mal so weit hergeholt, sich so einen Begriff davon zu machen, was die Hölle ist. Es ist eben der Ort, an dem Gott nicht ist. Für mich ist das ein grausamer Ort. Ein Ort, den ich unter keinen Umständen erleben möchte – weder hier noch nach meinem Tod.

Und jetzt nehmen wir doch einfach mal an, die Hölle als Ort, an dem Gott nicht ist, gibt es nicht. Weder im Diesseits noch im Jenseits.

Nehmen wir an, die Hölle gibt es wirklich nicht als den Ort, der ewige Gottesferne bezeichnet. Das würde ja bedeuten, dass am Ende irgendwie alle Menschen bei Gott landen. Der Gedanke hat natürlich was. In unserer postmodernen Zeit sowieso, in der man nichts Anstößiges als Wahrheit verkaufen kann.

Aber was bedeutet das letzten Endes?

Das bedeutet zum einen, dass (wenn alle Menschen am Ende bei Gott sein werden) es keine Rolle spielt, wie ich mich hier auf der Erde verhalte. Ob ich ein netter Mensch war oder ein Schwerverbrecher, wie ich zu meinem Fehlverhalten stand und ob ich es eingesehen habe, wie ich zu

Gott selbst stand, was ich mit dem Kreuzestod Jesu anfangen kann oder auch nicht – das alles spielt überhaupt keine Rolle, denn am Ende landen ohnehin alle bei Gott – wenn es die Hölle nicht gibt.

Zum Zweiten spielt es auch überhaupt keine Rolle, welcher Religion ich angehöre, zu welchem Gott ich bete, denn: am Ende landen ja ohnehin alle bei Gott. Okay, fragt sich nur, welcher – aber das ist ja auch egal, Hauptsache, wir landen dort.

Aber ob ich mich als Christ bezeichne, als Buddhist oder Moslem – vollkommen egal: Am Ende landen alle bei Gott. Selbst die Atheisten, die armen Kerle. Die müssen dann bei Gott sein – ob sie wollen oder nicht. Ist das dann nicht sogar schon Zwangsmissionierung? Na ja, lassen wir das.

Aber zum Dritten muss doch die Frage erlaubt sein: Wieso soll es dann den Himmel geben im Sinn einer ewigen Gottesnähe, wenn es die Hölle im Sinn einer ewigen Gottesferne nicht gibt? Wo doch beides biblisch bezeugt und in den Bekenntnissen der Kirche gelehrt wird.

Das verwirrt dich jetzt vielleicht ein bisschen, aber die Frage muss doch gestattet sein. Sowohl im biblischen Zeugnis als auch in den Bekenntnissen der reformatorischen Kirchen ist fester Bestandteil, dass es einen Himmel als Ort der ewigen Gottesnähe und eine Hölle als Ort der ewigen Gottesferne (oder auch „Verdammnis“ oder „Verlorensein“) gibt.

Jetzt haben manche (Theologen) nichts Besseres zu tun, als zu leugnen, dass es die Hölle gibt. Und ich frage mich: Warum sind sie dann nicht so ehrlich und leugnen auch, dass es den Himmel gibt? Das traut sich wahrscheinlich niemand, seinen „Glauben“ so radikal zu Ende zu denken.

Und zu guter Letzt bedeutet die Grundannahme, dass es die Hölle nicht gibt: Die Bibel wird nicht ernst genommen. Ich will hier kein Bibelstellen-Pingpong spielen, aber es gibt vor allem im Neuen Testament sehr viele Aussagen über die Hölle. Und zwar nicht von irgendjemandem, sondern von Jesus höchstpersönlich. Er spricht vom Gericht am Ende dieser Tage und davon, dass einige „im ewigen Feuer, das für den Teufel und seine Engel bereitet ist" (Matthäus 25,41) landen und einige die „ewige Strafe" und andere „ewiges Leben" erhalten werden (Matthäus 25,46). Jetzt versuch doch mal, diese Stellen irgendwie auch nur ansatzweise zu ignorieren – das müsstest du nämlich, wenn du sagst, die Hölle gibt es nicht.

Darüber hinaus war die Lehre von der „Höllenfahrt Christi" ur-reformatorisch und urprotestantisch. Aber natürlich: In unserem postmodernen Zeitalter ist es vollkommen uncool, von einer Hölle zu sprechen.

Die britische Wörterbuchreihe „Oxford Dictionaries" hat 2016 das englische Wort „post-truth" zum internationalen Wort des Jahres 2016 gekürt.[4] Im Deutschen wird dieses Wort als „postfaktisch" übersetzt und ich finde, irgendwie trifft das doch ganz gut den Nagel auf den Kopf. Manchmal scheint es in Debatten und Diskussionen nicht mehr viel zu gelten, was objektivierbare Fakten sind. Vielmehr wird alles dem Diktat der Beliebigkeit unterworfen. Schöne postmoderne Welt, die wir da erschaffen haben.

Das macht es aber natürlich nicht leichter, von biblischer

---

4 Vgl. https://www.oxforddictionaries.com/press/news/2016/11/17/WOTY-16, aufgerufen am 05.12.2016.

Wahrheit oder gar von Fakten zu sprechen – es glauben ja doch nur wenige.

Leider begegnet mir dieses Verhaltensmuster immer mehr auch in der Theologie und in der Kirche wieder. Hier werden oft Sachverhalte ignoriert, um eine andere theologische Meinung durchsetzen zu können.

Nichts gegen Meinungsvielfalt – im Gegenteil, denn sie kann äußerst bereichernd sein. Aber wenn diese Vielfalt objektivierbare Tatsachen negiert, dann wird's krumm und schief.

Und es ist nun einfach nicht zu leugnen, dass auch Jesus selbst über die Hölle gesprochen hat.

Jetzt gibt es natürlich diejenigen, die sagen: „Moment. Jesus hat vielleicht von etwas gesprochen, das wir heute als ‚Hölle' bezeichnen, aber dabei handelt es sich lediglich um das Totenreich."

Keine Sorge, ich will dich nicht langweilen mit zu viel theologischem Kleinkram, aber ich finde, hier darfst du dir jetzt mal einen Kaffee machen und die folgenden Zeilen sehr aufmerksam verfolgen.

Denn in der Tat kommen im deutschen Begriff „Hölle" unterschiedliche Begriffe sowohl aus dem Hebräischen (der Sprache des Alten Testaments) als auch aus dem Griechischen (der Sprache des Neuen Testaments) zusammen.

Das gebräuchlichste Wort im Alten Testament ist „Scheol" und es meint eigentlich „nur" das Totenreich. Also der Ort, an dem die Toten sind – ohne dies positiv oder negativ zu konnotieren, da dies im Alten Testament keine allzu große Rolle spielt.

Nun gibt es vom Alten Testament eine Übersetzung in die griechische Sprache. Dieses Werk nennt man die „Septuaginta". Da die Griechen (gerade die aus vorchristlicher Zeit) wiederum eine größere Vorstellungskraft zu besitzen scheinen, was die Totenwelt betrifft, haben sie sich diese eben auch vorgestellt und nennen sie „Hades". Vielleicht kennst du das noch aus dem Geschichtsunterricht. Sollte der Grieche deines Vertrauens sich so nennen, solltest du definitiv einen großen Bogen um das Restaurant machen ...

Zurück zum Thema. Hast du den Kaffee?

In unseren deutschen Übersetzungen des *Alten Testaments* wird „Scheol" meistens mit „Totenreich" oder „Tod" übersetzt. So zum Beispiel Hosea 13,14: „Soll ich sie vor dem Tod retten? Soll ich sie aus der Gewalt des Totenreichs befreien?"[5]

Im *Neuen Testament* nun wird für das, was wir im deutschen Text die „Hölle" nennen, sowohl „Hades" als auch das hebräische Wort „Gehenna" verwendet. Letzteres findet sich vor allem in Matthäus 25 wieder, wo Jesus in verschiedenen Bildern vom Gericht Gottes spricht, das er eines Tages halten wird.

Inzwischen müsste dein Kaffee leer sein – oder zumindest kalt – und ich will zusammenfassend nur sagen: Ja, in der Bibel vereinen sich diverse Begrifflichkeiten für das, was wir heute „Hölle" nennen. Und um ehrlich zu sein, müsste man hier noch wesentlich tiefer einsteigen und viel differenzierter arbeiten. Aber zum einen verträgt kein Mensch so viel Kaffee und zum anderen geht es mir lediglich darum, dir aufzuzeigen, dass unterschiedliche Begrifflichkeiten

5 Interessanterweise übersetzt die ganz neu revidierte „Lutherbibel 2017" an dieser Stelle „Scheol" mit „Hölle".

doch dazu dienen, dass Jesus selbst sich auf die „Hölle“ als einem Ort der Gottesferne beruft.

Insofern kann ich zusammenfassend nur sagen: Ja, die Hölle als Ort der ewigen Gottesferne gibt es. Ob es uns passt oder nicht, spielt dabei überhaupt keine Rolle. Und unser Wollen und Empfinden darf auch nicht Grundlage einer Entscheidungsfindung darüber sein, ob es die Hölle nun gibt oder nicht. Die Aussagen der Bibel, vor allem die des Neuen Testamentes, sind eindeutig.

Ich glaube, dass zumindest unbewusst und unterschwellig ein Ablehnen der Existenz einer Hölle unweigerlich dazu führt, den Glauben nicht mehr ganz so ernst und dringlich zu nehmen. Wieso auch? Wenn am Ende sowieso egal ist, wer was wie und warum geglaubt hat – was würde dann den christlichen Glauben noch von einer reinen Diesseitsverbesserung unterscheiden, wie es die Politik und viele ehrenwerte Non-Profit-Organisationen tun? Die Antwort ist einfach: Nichts!

Und leider nehme ich in den vergangenen Jahren immer mehr wahr – aber das ist meine ganz subjektive Empfindung –, dass der christliche Glaube in Deutschland nicht unbedingt dort Hochkonjunktur erlebt, wo die Existenz einer Hölle verneint wird.

Um aus diesem Dilemma einen Ausweg zu finden, wird uns wohl nichts anderes übrig bleiben, als darüber nachzudenken, weshalb Jesus eigentlich wirklich am Kreuz sterben musste. Ich bin der festen Überzeugung, dass die Deutung dessen, was da vor ungefähr zweitausend Jahren auf einem Hügel in der Nähe Jerusalems geschehen ist, grundlegend dazu beiträgt, zu verstehen, weshalb es eine Hölle gibt und vor allem: was zu tun ist, damit diese am Ende unseres Zeitalters so leer wie nur möglich sein sollte.

Sicherlich kann man das Kreuzesgeschehen ganz unterschiedlich deuten und es finden sich auch schon im Neuen Testament selbst unterschiedliche Facetten seiner geistlichen Bedeutung. Was ich persönlich jedoch eine sehr, sehr schwierige Auslegung finde, ist die Aussage, dass im Kreuz sich Gott auf die Seite der Leidenden stellt und damit zum Ausdruck bringen möchte, dass er uns in unserer Not sieht und sich zu den Schwächsten der Schwachen stellt.

Denn ganz ehrlich: Das tut er auch schon ohne Kreuz, was manche scheinbar vergessen. Schon im Alten Testament in der Gebetssammlung der Psalmen steht: „Der HERR ist nahe denen, die zerbrochenen Herzens sind, und hilft denen, die ein zerschlagenes Gemüt haben." (Psalm 34,19)

Es ist also nicht das genuin Neue im Kreuzesgeschehen, dass Gott sich auf die Seite der Leidenden, der Armen, der Unterdrückten stellt. Und mal ganz ehrlich: Eine Kreuzigung war im Römischen Reich die grausamste aller Todesarten. Oft haben Kreuzesopfer tagelang am Kreuz gehangen, ehe sie erstickt sind, weil die Atmung einfach nicht mehr funktionierte. Deswegen wurden ihnen oft die Beine gebrochen, wie auch den beiden Übeltätern, die mit Jesus gekreuzigt wurden (Johannes 19,31 + 32). Denn so konnten sich die Kreuzesopfer nicht mehr abstützen und der Erstickungstod trat schneller ein.

Die Römer nutzten die Kreuzigung oft, um besiegte Feinde am Straßenrand zu kreuzigen und somit ihren Sieg zur Schau zu stellen, und nicht selten wurde ein solches Spektakel von Passanten frenetisch feiernd flankiert.

Und jetzt mal Hand aufs Herz: Sollte Gott sich denn so etwas ausgesucht haben, um zu zeigen, dass er aufseiten der Schwachen und Zerbrochenen ist, wo er das in seinem Wort doch ohnehin schon längst klargemacht hat?

Würden wir das annehmen, dann heißt das: Um etwas, das ohnehin schon klar war, nochmals zum Ausdruck zu bringen, lässt Gott seinen Sohn auf grausamste Weise sterben.

Tut mir leid – aber das ist für mich grotesk und ich frage mich ernsthaft, weshalb diese Art der Auslegung vor allem von denjenigen forciert wird, die dem Kreuzestod als Sühnegeschehen nicht viel abgewinnen können, da es ihnen zu blutrünstig sei. Aber um eine Aussage, die ohnehin schon klar ist, nochmals zu unterstreichen, darf es blutrünstig werden, oder was? Vielleicht bin ich auch zu einfach gestrickt – aber für mich ist das widersprüchlich.

Die zentrale Bedeutung des Kreuzestodes Jesu ist nicht die Solidarisierung Gottes mit den Schwachen oder ein Ausdruck dieser Solidarisierung, sondern einzig der Grund, dass es einen Weg aus der Hölle gibt; einen Weg aus der ewigen Gottesferne in die ewige Gottesgegenwart.

Viele fragen sich und mich immer wieder: Wie kann denn ein liebender Gott Menschen in die Hölle schicken? Und ich frage mich und manchmal auch den anderen: Tut er das wirklich? Schickt Gott Menschen in die Hölle?

Ist es nicht eher so, dass Gott durch den Tod seines Sohnes am Kreuz alles, aber auch wirklich alles getan hat, damit wir aus der Hölle aussteigen können!? Einer der bekanntesten Verse im Neuen Testament steht im Johannesevangelium. Für viele – auch für mich – ist er sozusagen „das Evangelium auf einen Vers komprimiert“ und lautet:

„Denn Gott hat der Welt seine Liebe dadurch gezeigt, dass er seinen einzigen Sohn für sie hergab, damit jeder, der an ihn glaubt, das ewige Leben hat und nicht verloren geht.“ (Johannes 3,16)

Würde es keine Hölle geben, wäre dieser Vers sinnlos. Aber weil niemand ernsthaft behaupten kann, die Bibel wäre sinnlos, wird hier dem ewigen Leben ein Verlorengehen gegenübergestellt. Genauso aber die schlichte und einfache Aussage, dass, wer an Jesus glaubt, vor dem Verlorengehen gerettet ist und ewiges Leben hat.

Und das alles hat seinen Grund darin, dass Gott der Welt seine Liebe zeigt, indem er seinen Sohn für sie hergab.

Dieses Geschehen ist für mich von unbeschreiblicher Schönheit und Kraft zugleich. Schönheit trotz allem Geschehen rund um das Kreuz. Ja, das ist ein bestialisches Geschehen – aber doch ist es auch ein wunderschöner Ausdruck einer Liebe, die sich nicht davor scheut, alles zu geben – wirklich alles. Wo wir Menschen doch sehr schnell mal kalkulieren, bevor wir „alles“ geben, ist Gott bereit, alles für dich zu geben. Seinen Sohn und damit sich selbst. Wenn du dieses Geschehen in seiner Tiefe ergreifen möchtest, wirst du Stück für Stück die Schönheit darin entdecken, die sich dem körperlichen Auge verschließt, aber von außerordentlicher Kraft für die Augen des Herzens strahlt.

Ein Gott, der dich so sehr liebt, dass er alles, was er hat, für dich hergibt. Wo gibt's denn so was? Einzig und allein beim Gott der Bibel, der sich als Vater, Sohn und Heiliger Geist offenbart. Der sich nicht zu schade ist, sich für dich ganz hinzugeben. Der alles auch nur mit seinem Wort ins Dasein ruft und bei dem selbst die Natur auf seine Worte hört und sie befolgt. Der das Universum mit seinen unzähligen Galaxien und Sternen erschaffen hat, der uns Menschen kunstvoll und faszinierend in unser Leben geliebt hat. Dieser Gott stirbt für dich am Kreuz, die Mächte der Finsternis rotten sich zusammen und es verfinstert sich mitten am Tag der Himmel für drei Stunden (vgl. Matthäus 27,45). Das alles, weil er dich liebt und sich danach sehnt, die Ewigkeit mit dir und nicht ohne dich zu verbringen. Ich finde das einfach nur unglaublich schön. Es gibt einen Gott, der mich so sehr liebt, dass er alles, was mich von ihm trennt, überwinden kann und will – weil ich es ihm wert bin. Unfassbar.

Und das gibt mir Kraft. Unglaubliche Kraft. Zu wissen, da ist ein Gott, der sich nach mir sehnt, der sich freut, wenn ich Zeit mit ihm verbringe, der immer ein offenes Ohr für mich hat und der die Ewigkeit mit mir gemeinsam verbringen will – das gibt mir unglaubliche Kraft.

Und auch nur ansatzweise zu verstehen, dass diese Kraft Gottes in jedem Menschen verfügbar ist, der an Jesus glaubt, ist fast noch unglaublicher. Eine Kraft, die sogar stärker ist als der Tod und ein ewiges Getrenntsein von Gott.

Manchmal wünschte ich mir, wir würden diese Kraft Gottes mehr in Anspruch nehmen und aus ihr heraus leben – diese Welt würde ganz anders aussehen.

Natürlich ist es ein legitimer Wunsch, dass Gott am Ende dieses Zeitalters alle Menschen zu sich ruft und jeder Mensch in der Gegenwart dieses liebenden Gottes seine Ewigkeit verbringen darf. Aber es wäre falsch und verantwortungslos zu behaupten, dass dem so ist, denn es sprechen einfach zu viele Stellen in der Bibel dagegen. Natürlich kann ich diese Stellen außen vor lassen und mir meine Bibel so zurechtbasteln, dass sie in mein Gedankenkonzept passt – aber das wäre weder redlich, noch würde es wirklich etwas bringen.

Vielmehr möchte ich mit meinem Leben dazu beitragen, dass Menschen mit dieser freimachenden und vor der Hölle rettenden Botschaft und Liebe Jesu konfrontiert werden und sie selbst eine Entscheidung treffen können, was sie damit machen. Das liegt wiederum überhaupt nicht in meiner Hand – und das ist auch gut so.

Sosehr ich auch glaube, dass es eine Hölle im Sinne der ewigen Gottesferne gibt, sosehr glaube ich aber auch, dass es nichts bringt, den Menschen mit dieser Hölle zu drohen. Und das möchte ich auch nicht mit diesem Kapitel. Gleichzeitig aber macht mir eine gewisse Banalisierung des Evangeliums, wie ich sie in den letzten Jahren leider immer wieder wahrnehme, große Sorge. Denn das Evangelium, die Frohe Botschaft, ist doch kein Märchen, das wir einander erzählen, und jeder darf es noch ein wenig verändern und ausschmücken, wie es ihm passt.

Vielmehr ist dieses Evangelium, die Frohe Botschaft, dass es einen Gott gibt, der mich so sehr liebt, dass er seinen Sohn hat sterben lassen, damit ich gerettet werde vor der Hölle, eine unglaublich große Kraft, wie Paulus es auch im Römerbrief im Neuen Testament schreibt: „Zu dieser Botschaft bekenne ich mich offen und ohne mich zu schämen, denn das Evangelium ist die Kraft Gottes, die jedem, der glaubt, Rettung bringt.“ (Römer 1,16)

Es kann sein, dass du diese Zeilen liest und noch gar keine bewusste Entscheidung getroffen hast, dass du ein Leben mit Jesus führen möchtest. Was hindert dich, es jetzt zu tun?

Als Menschen sind wir, so berichtet es die Bibel auf den

ersten Seiten, als ein Ebenbild Gottes geschaffen. Wie eine Art Pfand gibt Gott sein Wesen in jeden Menschen hinein, wenn dieser das Licht der Welt erblickt. Insofern ist es das Natürlichste der Welt, wenn ein Mensch auch ganze Sache macht und sein Leben mit Jesus gestalten möchte, ihm vertrauen, an ihn glauben und ihm nachfolgen möchte. Dann kommt etwas zusammen, was schon immer zusammengehört: Gott und Mensch.

Und deswegen ist für mich das Sühnegeschehen im Kreuz das wirklich wesentliche Zentrum dessen, was vor knapp zweitausend Jahren auf einem Hügel vor den Toren Jerusalems stattfand. Es ist nicht ein zorniger Gott, der ein Menschenopfer benötigt. Vielmehr sind es doch wir Menschen, die etwas zur Sühne unserer Schuld und unserer Gottesferne benötigen. Kein Mensch kann auch nur ansatzweise sein Leben so gestalten und leben, dass er damit vor Gott bestehen könnte. Mal sind es unsere Gedanken, mal unsere Worte und mal sind es unsere Taten, die zeigen, dass wir von dem Pfand, dem göttlichen Wesen in uns, weit entfernt sind. Und wir können tun und machen, was wir wollen: Wir bekommen es vor Gott einfach nicht geradegebogen.

Dass Gott dann aber alle Register zieht, seinen Sohn am Kreuz sterben lässt, dass dieser einsam und verlassen verzweifelt zu seinem Vater schreit – lieber Leser, liebe Leserin, das ist unverdiente Gnade. Das ist ein Geschenk. Das ist Liebe in Perfektion. Das ist Hingabe in Höchstform.

Nein, Gott braucht das nicht. Ich glaube sogar, er hätte ohne uns Menschen weitaus weniger Probleme und könnte sich noch weit mehr an seiner Schöpfung freuen. Aber er hält es ohne uns Menschen nicht aus. Er will es ohne uns Menschen nicht aushalten, und deswegen ist das Kreuz ein großes Liebes- und Siegeszeichen göttlicher Sehnsucht nach jedem einzelnen Menschen.

Das Schöne an dieser Sache ist: Das ist kein Märchen. Und das ist auch keine einmalige Sache. Du hast jeden einzelnen Tag deines Lebens, den Gott dir aus seiner Gnade schenkt, die Möglichkeit, ein Leben zu führen, das sich nicht von irdischen Maßstäben bestimmen lässt. Vielmehr hat Gott dich dazu bestimmt, nach seinen himmlischen Maßstäben zu leben und das Geschehen auf Golgatha deinen Alltag immer wieder heilsam durchkreuzen zu lassen.

Du bist dazu berufen, deine göttliche Identität anzunehmen und zu leben.

JETZT WIRD'S KONKRET:

1. Ich lade dich ein, dein Leben einmal zu überdenken und dir ehrlich die Frage zu stellen, ob du dein Leben Jesus anvertraut hast. Ich weiß, das ist sehr persönlich – also kannst du auch gerne nachschauen, ob dir gerade jemand über die Schulter guckt. Bitte den Heiligen Geist, dass er dir über diese Frage Klarheit schenkt. Und dann rede mit einem Christen deiner Wahl darüber und triff die Entscheidung. Warte nicht zu lange. Etwas ganz Neues und Wunderbares wartet auf dich. Gerne kannst du auch über www.david-brunner.de Kontakt mit mir aufnehmen.

2. Sollte dieser erste Punkt für dich schon kalter Kaffee sein, dann bitte ich dich, eine Woche lang, jeden Tag als Erstes Jesus dafür zu danken, dass er dich vor der Hölle gerettet und in die Gegenwart des himmlischen Vaters geführt hat. Und dann bitte ihn, dir Menschen zu zeigen, denen du in aller Liebe von diesem wunderbaren Evangelium erzählen kannst.

3. Ergreife diese neue Identität, die Gott dir durch Jesus schenkt, jeden Tag neu. Geh mit ihr gut gerüstet durch den Alltag – und erlebe und sei ein Wunder!

8. MIT DEINEM VERSTAND KANNST DU GOTT FASSEN

Ich habe einige Semester Theologie an der Universität Heidelberg studiert. Schaue ich auf diese Zeit zurück, dann ruft das in mir einerseits Kopfschütteln und andererseits Dankbarkeit hervor.

Kopfschütteln wegen der Alleinherrschaft der sogenannten historisch-kritischen Methode. Zumindest war es in meiner Studienzeit so, dass biblische Texte nach dieser Methode ausgelegt werden sollten.

Für alle, die jetzt nicht viel damit anfangen können, nur ein ganz kurzer Einblick, was es mit dieser Methode auf sich hat, mit der angehende Pfarrerinnen und Pfarrer lernen sollen, biblische Texte auszulegen, auch später in ihrem Dienst.

Die historisch-kritische Methode ist eine Methode, die versucht, die Aussagen der Bibel und das, was sie uns heute noch sagen möchte, vollständig mit dem Verstand zu erfassen.

Das Gute daran ist: mit dem Verstand. Das Schlechte daran ist: vollständig. Was will ich mit einem Gott, der in meinen Verstand passt? Dann kann ich auch an mich selbst glauben.

Innerhalb dieser historisch-kritischen Methode gibt es einzelne Arbeitsschritte, die durchaus sinnvoll und äußerst erhellend sind. Das Problem bei der ganzen Geschichte ist in meinen Augen nur, dass sie nur ihre Berechtigung hat, wenn man die Bibel als ein altehrwürdiges Schriftdokument ansieht, das man unter philologischen, philosophischen und textkritischen Gesichtspunkten betrachten möchte. Gerecht wird diese Methode der Bibel als dem lebendigen Wort Gottes aber überhaupt nicht. Manche Elemente dieser Methode haben durchaus ihre Berechtigung und sind hilfreich. Die gesamte Methode an sich ist jedoch genau der Versuch, Gott mit dem Verstand fassen zu wollen. An solch einen Gott will ich nicht glauben. Er wäre mir viel zu klein und durchschaubar, als dass ich jemals noch über ihn staunen oder meine Hoffnung in ihn setzen könnte.

Viele Menschen fragen sich: „Was ist mit der Landeskirche los? Wieso wirkt sie an so vielen Stellen leblos?" Für mich ist eine Antwort (kleine Nebenbemerkung: ich mag es einfach; kompliziert können andere): die historisch-kritische Methode.

Aber es gab ja auch noch etwas, wofür ich sehr dankbar bin im Blick auf meine Studienzeit. Leider hat es nichts mit dem Studium zu tun, sondern hat eher ausgleichende Wirkung auf dieses gehabt.

Denn: Fast während meines gesamten Studiums habe ich in einer Gemeinde mitgearbeitet. Erst in einer Landeskirche, dann in einer Freikirche. Beide Male mit Kindern und Jugendlichen, in der freien Gemeinde dann auch im Lobpreis und anderen Bereichen. Wenn du wirklich wissen willst, was „Glauben" heißt, dann verbringe Zeit mit Kindern. Spiele mit ihnen. Singe mit ihnen. Staune mit ihnen. Lache mit ihnen. Weine mit ihnen. Hör mit ihnen auf Gott. Und vor allem: Lass sie von ihrem Glauben erzählen. Lass sie von Gott erzählen. Du wirst sofort aufhören anzunehmen, dass du Gott mit dem Verstand fassen kannst. Die schönsten, die berührendsten und ermutigendsten Erfahrungen im Glauben habe ich mit Kindern gemacht.

Es war der 2. Juni 2013 und mein damals 3 1/2-jähriger Sohn hat mir eine Lektion im Glauben erteilt.

Wir frühstückten zusammen und es fuhr mir schmerzhaft in meinen Rücken hinein. Daraus entwickelte sich folgendes Gespräch mit meinem Sohn.

Lucas: „Soll ich dir ein Pflaster holen?"

Ich: „Nein, vielen Dank! Das braucht man nur, wenn man blutet. Was kann man denn noch machen, wenn man Schmerzen hat und krank ist?"

Lucas: „Beten."

Ich: „Lucas – möchtest du für mich beten?"

– kurze Pause –

Lucas: „Danke, Jesus, dass du Papa gesund machen sollst!"

(Ja, richtig gelesen.)

Ich war total perplex, habe Lucas in den Arm genommen und die ein oder andere Träne gespürt – und: Die Schmerzen waren weg.

Wenige Minuten später meinte ich:

„Lucas, ich habe keine Schmerzen mehr."

Lucas (trocken): „Ich hab' ja auch für dich gebetet!"

„Jaja", denkst du, „typisch Pfarrer. Da ist das wohl jeden Tag so." Ich kann dich beruhigen: Das ist beim besten Willen nicht jeden Tag so bei uns. Ganz und gar nicht.

Was im Juni 2013 an unserem Küchentisch geschah, verschlägt mir auch heute noch die Sprache. Als ob mein

Verstand gegen den Glauben ankämpfen wollte, sagte ich zu meinem Sohn: „Ich habe keine Schmerzen mehr." Der Verstand eines Erwachsenen konnte das nicht fassen – der Glaube eines Dreijährigen schon.

Was hat das alles mit der historisch-kritischen Methode und der Aussage, Gott mit dem Verstand zu fassen, zu tun?

Du brauchst nicht Theologie zu studieren (aber hier wird es eben sehr augenscheinlich), um Gefahr zu laufen, Gott mit dem Verstand fassen zu wollen.

Mark Batterson schreibt in seinem Buch „Lebe gefährlich. Leidenschaftlich Gott nachjagen" auf Seite 81:

Glaube ist nicht logisch. Aber er ist auch nicht unlogisch. Glaube ist theologisch. Er ignoriert nicht die Realität; er fügt nur Gott in die Gleichung mit ein.

Ich habe Mathematik in der Schule geliebt, und Gleichungen zu lösen war der schönste Teil der Mathematik. Dieser Moment, in dem du nach unzähligen Rechenschritten und Versuchen die Gleichung endlich gelöst hat. Der Verstand hat jubiliert und ist zur Feier des Tages einen trinken gegangen.

Und dann kommst du zurück und siehst, dass da irgendjemand „Gott" in die Gleichung reingeschmissen hat. Eine Variable, mit der du nichts anfangen kannst, die sich nicht auflösen und nicht ersetzen lässt.

Deine Gleichung bekommt einen ganz neuen Drive, eine neue Dimension.

Und am Ende stellst du fest: Du kannst diese Gleichung einfach nicht lösen.

Gut, mancher Leser denkt sich vielleicht: „Ich konnte die Gleichung auch vorher schon nicht lösen!" Siehst du: Mit Gott wird's eben *noch* komplizierter.

Aber wie soll denn unser Verstand, der bei manchen schon vor einer einfachen mathematischen Gleichung kapituliert, Gott fassen können? Das bekomme ich nicht in meinen Verstand.

Und da sind wir wieder bei den Kindern. Kommt bei ihnen Gott in die Gleichung des Lebens hinein, nehmen sie es so hin. Sie fragen nicht: „Kann das sein?" Sie erzählen es dir mit weit aufgerissenen Augen und einem staunenden Herzen.

Sei mutig!

Lass zu, dass Gott deinen Verstand übersteigt. Wenn du regelmäßig einen Gottesdienst besuchst und in einer Gemeinde mitarbeitest, werden dir sehr schnell Dinge auffallen, die eigentlich keinen Sinn ergeben. Sie sind Konstrukte des menschlichen Verstandes.

Nimm alleine mal die Art und Weise, wie in deiner Gemeinde Gottesdienst gefeiert wird. Egal, ob das in einer landeskirchlichen Gemeinde ist oder in einer freien Gemeinde. Viele Elemente des Gottesdienstes entspringen einer Tradition, einige Elemente entspringen der jeweiligen Denomination und nicht weniges entspringt schlicht und einfach dem menschlichen Verstand.

In meiner derzeitigen Gemeinde arbeiten wir immer weiter daran, den Gottesdienst zu entwickeln. Mir macht das unheimlich viel Spaß, denn ich liebe es, Gottesdienste zu inszenieren und zu feiern. Ein Gottesdienst soll mehr sein als nur eine Veranstaltung am Sonntagmorgen. Er soll vielmehr ein heiliger Moment sein, in dem Gott redet. Aber dann fragen wir uns zum Beispiel, an welcher Stelle im Gottesdienst es Sinn macht, Geld einzusammeln.

Und nicht wenige Argumente für diese oder jene Stelle im Gottesdienst entspringen dem menschlichen Verstand. Ist es im Anfangsteil des Gottesdienstes, frage ich mich, ob die Menschen dann schon dazu bereit sind oder ob es nicht eher wie ein Eintrittspreis aussieht. Ist es am Ende des Gottesdienstes, frage ich mich, ob dadurch nicht vieles, was davor auch geistlich geschehen ist, wieder in den Hintergrund rückt, weil eben noch das Geld eingesammelt werden muss.

Alleine diese beiden Argumente entspringen dem menschlichen Verstand. Sie gehen weniger auf eine Tradition oder biblische Begründung zurück.

Oder warum muss der Kirchenchor eigentlich immer am Freitagabend proben und die Jungschar am Mittwochnachmittag sein? Liegt dir jetzt auch schon „Das war schon immer so" auf der Zunge? Dieser Satz lässt mich ganz unruhig werden.

Ich bin mir noch nicht im Klaren darüber – mein Verstand arbeitet noch –, ob es ein typisch menschliches, deutsches oder westeuropäisches Phänomen ist, dass wir gerne alles erklären und mit dem Verstand fassen möchten.

Und unser manchmal sehr gesunder Menschenverstand sucht, und das ist an sich gar nicht mal so schlimm, das Kontinuierliche und Überschaubare, das Gewohnte und Planbare, weil alles andere Veränderung bedeuten könnte. Und Veränderung an sich ist erst einmal unlogisch. Unverständlich. Nicht fassbar. Unserem Verstand fehlt eine Analogie, weil es eben noch nie so war.

Und wir werden erst dann herausfinden, ob es sich lohnt, etwas anders zu machen, wenn wir den Schritt auch gehen – frei nach dem Motto: „Das war schon immer so – bis einer kam, der das nicht wusste!"

Wenn ich in die Bibel schaue, dann gibt es eine Reihe an Ereignissen, die vollkommen unlogisch und gegen jeden menschlichen Verstand waren: Bileam redet mit einem störrischen Esel, Mose teilt ein tosendes Meer, Petrus läuft auf dem Wasser, Gideon legt ein Vlies aus und Jesus steht von den Toten wieder auf.

Wenn du sie fragen würdest, ob das logisch war, was sie da taten, wäre ihre Antwort: „Nein, natürlich nicht! Aber ich habe zugelassen, dass Gott in der Gleichung ist!"

In genau diesen Momenten aber haben sie erfahren, dass Gott ihren Verstand übersteigt und sich dazustellt.

Bileam konnte seines Weges ziehen.

Mose sah, wie das ganze Volk Israel eine Wattwanderung machte.

Gideon wusste, was er zu tun hatte.

Petrus erlebte ein Wunder, das er wohl noch seinen Enkeln erzählt hat.

Jesus ermöglicht uns heute noch ein neues und ewig währendes Leben.

Weißt du, was diese Welt braucht? Sie braucht Menschen wie dich und mich, die auch mal verrückt sind, die unlogische Dinge tun, die ihren Verstand nicht ausschalten, aber anerkennen, dass er nicht der Weisheit letzter Schluss ist.

Wie das geht? Gar nicht so schwierig. Wenn du das nächste Mal eine Glaubenserfahrung machst oder von einer Glaubenserfahrung hörst, die in deinen Augen gelinde gesagt „nicht ganz normal" ist, dann suche Gott darin. Dann schau, wie Gott sich darin offenbart. Du wirst ihn finden. Da bin ich mir sicher. Denn eines ist doch klar: Gott ist unlogisch – sonst würde er uns Menschen nicht lieben und mit uns gemeinsame Sache machen wollen. Denn der Verstand würde sagen: „Sorry, Gott. Die Menschen sind so was von unbeständig, unzuverlässig, vergesslich und schwach – was willst du mit denen schon anfangen?"

Du kannst dich aber auch noch ganz anders überprüfen. Schau mal in dein Leben hinein. Welche Abläufe gibt es in deinem geistlichen Leben? Der Gottesdienstbesuch, deine tägliche Zeit mit Gott durch Gebet und das Lesen in der Bibel, deine Kleingruppe, deine Mitarbeit in der Gemeinde.

Was auch immer es ist: Sicherlich ist das alles gut, und ich will nicht in Abrede stellen, dass du dadurch geistlich wächst. Aber gibt es einen Bereich, in dem du nur mühsam vorankommst oder merkst, dass deine besten Erfahrungen darin schon eine ganze Weile zurückliegen? Das kann unterschiedliche Gründe haben: Du tust es aus Routine, du tust es, weil „man als Christ das eben so macht", du tust es, weil du nie etwas anderes gelernt hast – oder du tust es, weil dein Verstand dir sagt, dass das so gut ist, wie es ist.

Dann habe ich eine kleine Aufgabe für dich: Bitte Gott, dass er in genau diesen Dingen dir über den Verstand hinaus begegnet. Bitte ihn, dass er sich ganz konkret offenbart – und zwar so, dass es aus menschlicher Sicht vollkommen unlogisch ist.

Bitte ihn, dass du ihn mit mehr als nur dem Verstand erfassen kannst. Denn sollte das der einzige Weg sein, Gott zu erfahren, ist mir nicht ganz ergründlich, weshalb Gott auch jede Menge Emotion und Intuition in uns hineingelegt hat. Ja, auch in dich. Keine Sorge!

Suche das Verrückte! Mich kann man mit kaum mehr langweilen als mit einem Glauben, der erst einmal den Filter „Verstand" passieren muss. Denn dieser Glaube wagt nicht viel. Dieser Glaube liegt wie ein Schiff im seichten Wasser vor Anker, aber dieses wird sich nicht weit bewegen – nur so weit, wie es eben die Kette des Ankers zulässt. So wird sich auch dein Glaube wohl immer nur so weit bewegen, wie es dein Verstand zulässt, wenn du nicht bereit bist, auch einmal das Verrückte, das den Verstand Übersteigende zu suchen.

Und ohne dir jetzt zu nahe treten zu wollen: Die Reichweite deines Glaubens wird nicht sonderlich groß sein. Tut mir leid. Du wirst dich immer wieder um die gleichen Dinge drehen, immer wieder das Gleiche sehen, immer wieder das Gleiche glauben, immer wieder die gleichen Enttäuschungen erleben – aber eben gerade nicht erleben, wie es ist, hinauszufahren auf die weite See, dort wo das Wasser tief ist, wo Gott dich hinführen möchte und wo du nichts anderes tun kannst, als seine Hand zu fassen und ihm zu vertrauen. Denn genau das brauchst du, wenn du mit dem Verstand nicht alles fassen kannst: Vertrauen! Vertrauen in einen Gott, der dich liebt. Vertrauen, das unerschütterlich ist. Vertrauen, das nicht aufgrund von Beweisen wächst. Vertrauen – das ist so eine Sache.

Und oft frage ich mich, wie es denn eigentlich mit meinem Vertrauen in Gott aussieht und ob ich ihm bedingungslos vertraue – eben gerade dann, wenn es meinen Verstand bei Weitem übersteigt. Will ich das denn?

Einerseits ja. Denn ich wünsche es mir, ein Vertrauen

in Gott zu haben, das allen Widrigkeiten des Lebens trotzt. Ein Vertrauen, das echt und tief ist. Ein Vertrauen, das nicht erschüttert werden kann. Ein Vertrauen, das nicht nur in der Theorie ein Fallenlassen in die Arme Gottes ist, sondern sich in ganz praktischen und alltäglichen Situationen zeigt: im Umgang mit Geld, mit meinen Mitmenschen, in meiner Familie, im Beruf und bei allen großen und kleinen Entscheidungen des Alltags. Also genau dort, wo der Verstand unsere erste Anlaufstelle ist.

Zu Recht ordnen und sortieren wir unsere Finanzen mit dem Verstand – aber was, wenn Gott von uns einen Vertrauensschritt fordert, beispielsweise durch eine außerordentlich hohe Spende?

Oder im Beruf. Natürlich kalkulieren wir und schauen wir, dass wir einen sicheren Job haben, der uns und unserer Familie ein gutes und sicheres Einkommen beschert. Aber was, wenn Gott sagt, dass ein Arbeitsplatzwechsel dran ist und die Optionen nicht rosig aussehen?

Natürlich erziehen wir unsere Kinder mit gesundem Menschenverstand oder versuchen es zumindest. Aber was, wenn es einfach nicht so läuft, wie wir es gerne hätten, und Gott sagt nur: „Lass los!“?

Das sind Momente, die unglaublich schwer sind. Du darfst deine fromme Maske ruhig fallen lassen. Ich tu’s auch. Diese Momente bringen dich an die Grenze – an die Grenze des Denkbaren und der nächste Schritt heißt: Vertrauen!

Denn andererseits sind solche Situationen des unbegrenzten Vertrauens gerade die Situationen, in denen ich merke, dass ich die Dinge und mein Leben nicht selbst in der Hand habe. Und mein Verstand schon zweimal nicht.

Dabei habe ich das doch so gerne. Ich möchte die

nächsten Schritte und Wege meines Lebens genau wissen und planen – und dann auch gehen. Ja, Pläne sind dafür da, dass sie über den Haufen geworfen werden. Aber es gibt auch Situationen, in denen ist es total frustrierend, wenn ein Plan nicht aufgeht.

Und dann tobt in mir ein Kampf zwischen Vertrauen und Verstand.

Trägt mich mein Glaube wirklich im tiefen Meer, wenn ich ihn von der Ankerkette des Verstandes loslöse? Wenn sich das Schiff meines Lebens und Glaubens in unsichere Wasser aufmacht?

Dann, wenn alles über mich hereinbricht? Dann, wenn ich mich selbst nicht ausstehen kann und im Meer des Selbstmitleids bade? Dann, wenn sich ein Meer voller Fragen und Sorgen bis zum fernen Horizont erstreckt? Dann, wenn meine Wünsche und Sehnsüchte im großen Meer der Realität unterzugehen drohen?

Dann denke ich an meinen Konfirmationsvers, den mein Vater für mich ausgesucht hatte, nachdem ich ihm meinen präsentiert hatte, den er nicht ganz so glücklich fand. Er tat das in väterlicher Weisheit und Weitsicht, dass ich ihn des Öfteren mal gebrauchen könnte. Und dafür bin ich ihm bis zum heutigen Tag unendlich dankbar, auch wenn er diese Zeilen erst wieder in der nächsten Realität verstehen wird, weil Demenz einfach eine furchtbare Krankheit ist.

Unser Glaube ist der Sieg, der die Welt überwunden hat. (1. Johannes 5,4)

Entweder an diesem Vers ist was dran, oder ich kann die Bibel in die Ecke schmeißen. Da ich Letzteres nicht mache, kann ich nur vertrauen, dass dieser Vers wahr ist. Und schaue ich auf mein Leben zurück, dann weiß ich: Er ist wahr! Mein Glaube und damit letzten Endes das Vertrauen in Gott trägt wirklich.

Wohl kaum eine Geschichte aus dem Leben Jesu wird heute so metaphorisch verwendet wie die, als er auf dem Wasser ging und Petrus, einen seiner Freunde, aus dem Boot zu sich rief. Zögernd setzte Petrus einen Fuß nach dem anderen auf das Wasser. Unsicher. Tapsend. Staunend. Fasziniert. Er ging einen Schritt. Und noch einen. Tatsächlich. Das Wasser trägt ihn. Unfassbar. Dann sieht Petrus die Wellen. Den Sturm. Und er beginnt, sich zu fürchten:

Doch als Petrus merkte, wie heftig der Sturm war, fürchtete er sich. Er begann zu sinken. „Herr“, schrie er, „rette mich!“ Sofort streckte Jesus seine Hand aus und hielt ihn fest. (Matthäus 14,30+31)

Gut, seien wir ehrlich: Was hätte Petrus auch anderes machen sollen, als vertrauensvoll nach Jesus zu rufen? Die Rettungswacht vom See Genezareth wäre viel zu spät gekommen, und die anderen Freunde im Boot waren noch viel zu sehr geflasht von dem, was sie da gerade erleben. Jesus war seine einzige Rettung. Ja. Und voller Vertrauen ruft Petrus genau diesen Namen Jesu an.

Ja, so erlebe ich das im Alltag auch immer wieder. Wer den Namen Jesu anruft, der wird gerettet. Aus seiner Ichbezogenheit, aus manchen Problemen und aus dem Meer unsicherer Situationen, in denen auch der Verstand nicht mehr weiterhelfen kann. Schaue ich auf Jesus, dann wird mein Leben hell, schaue ich auf mich und das Meer, in dem ich zu versinken drohe, wird mein Leben dunkel.

Und immer wieder wirft Jesus sich als Rettungsring hinein in meinen Alltag, einen ganz gewöhnlichen Alltag, wie ihn sieben Milliarden Menschen auf dieser Erde haben. So wichtig bin ich ihm. So sehr liebt er mich. So sehr zeigt er mir immer wieder: „Ich bin vertrauenswürdig. Rufe mich an in der Not und ich will dich retten – und du sollst mir die Ehre geben!“ (nach Psalm 50,15) ... das war übrigens der Konfirmationsvers, den *ich* zuerst ausgesucht hatte.

Ich frage mich, warum ich das nicht öfter in Anspruch nehme. Warum ich so weit planen und schauen will, wie es eigentlich schon längst hinter meinem mir möglichen Horizont liegt und wofür mein Verstand bei Weitem zu klein ist – auch wenn ich mir das selbst nicht eingestehe.

Einer der größten Fehler, die wir machen können, ist der, dass wir mehr wollen, als wir sehen, mehr, als wir können, mehr, als wir meinen, mit unserem Verstand alleine meistern zu können. Dass wir weiter planen, denken und Dinge erreichen wollen, als sie uns vor Augen sind. Meist wollen wir den zweiten Schritt vorm ersten machen – aber dann stolpern wir aus dem Boot ins Wasser und drohen zu sinken.

Und deswegen ist es doch gerade ein Ausdruck von Vertrauen, wenn ich nur das tu, was ich vor Augen habe – und den Rest getrost Gott überlasse – voller Vertrauen!

Jesus sagte einmal:

Macht euch keine Sorgen um den nächsten Tag! Der nächste Tag wird für sich selbst sorgen. Es genügt, dass jeder Tag seine eigene Last mit sich bringt. (Matthäus 6,34)

Irgendwie ist immer etwas Wahres dran an dem, was Jesus sagt. Und dieser Satz klingt so lapidar – und doch ist er so tiefsinnig. Wenn wir einfach mal „nur“ die Dinge vor Augen haben, die uns heute begegnen, und uns keine Sorgen machen um das, was noch kommen wird, dann nennt man das Vertrauen. Und das muss ich als ein Mensch, der gerne plant, organisiert und strukturiert, wohl noch ziemlich lernen.

Aber es wäre doch mal eine gute Herausforderung, oder nicht? Sozusagen ein Vertrauens-Test: Sorge dich heute mal nur um die Dinge, die heute dran sind – und das Morgen kannst du getrost und vertrauensvoll in Gottes Händen lassen. Ich merke, dass alleine der Gedanke daran nicht nur für mich herausfordernd sein könnte.

Ja, dann bin ich gehalten. Wie ein kleines Kind, das friedlich und geborgen in den Armen des Vaters einschläft, auch wenn dieser dafür einige Runden durch die Wohnung gehen und seinen geliebten Sohn in den Schlaf wiegen musste. (Ich habe dabei alle Strophen von „Der Mond ist aufgegangen" auswendig gelernt. Hat ja auch was.)

Oder wie ein größeres Kind, das sich schluchzend und traurig in die Arme des Papas wirft, weil es in diesem Moment an keinem anderen Ort der Welt lieber wäre als in diesen bergenden und schützenden, festen und starken Armen.

Wie viel mehr ist Gott genau das für mich, wo ich als immer wieder Fehler machender menschlicher Papa schon das Beste für meine Kinder will? Eben. Er ist es unglaublich viel mehr. Und dieses Mehr trägt und hält mich im Meer meines Lebens, dessen Wellen der Enttäuschung, des Frusts und der Ernüchterung dann doch gar nichts tun können gegen die Liebe, mit der Gott mich Tag für Tag, Stunde um Stunde liebt.

Was mich antreibt, was mich inspiriert und mein Glaubensleben immer wieder erneuert, sind kindliche Glaubenserfahrungen. Und die kannst du auch als Erwachsener machen.

Das viel zitierte Jesus-Wort „Wenn ihr nicht werdet wie die Kinder“ birgt in sich so viele Dimensionen und Facetten, dass es für mich eines der tiefsten Worte ist, die er gesprochen hat.

Kinder agieren nicht primär über den Verstand. Sie leben das Leben im Hier und Jetzt, genießen den Moment und behalten sich dabei eine Faszination für das Unlogische, das nicht Erklärbare. Das, was eben den Verstand übersteigt.

Damit du jetzt keinen falschen Eindruck bekommst: Ich bin Gott unendlich dankbar, dass er uns Menschen den Verstand gegeben hat. Manchmal ist der ja auch ganz gesund und brauchbar. Aber er ist eben noch nicht das Ende der Fahnenstange, wie Paulus es an die Christen im damaligen Philippi geschrieben hat:

„Und Gottes Friede, der all unser Verstehen übersteigt, wird eure Herzen und Gedanken im Glauben an Jesus Christus bewahren.“ (Philipper 4,7)

Und deswegen ist es vollkommen unsinnig zu meinen, Gott alleine rational fassen zu können. Und natürlich gibt es Menschen, die gerade über ihren Verstand einen besonderen Zugang zu Gott finden – warum auch nicht? Schließlich hat Gott uns unseren Verstand gegeben.

Also fassen wir definitiv Gott ansatzweise mit dem Verstand – ansatzweise. Wer mehr erwartet, überfordert sich, wer mehr verspricht, lügt.

JETZT WIRD'S KONKRET:

1. Nimm den heutigen Tag – oder, wenn du das am Abend liest, den morgigen Tag. Mach dir einmal nur um diesen einen Tag Gedanken und Sorgen. Und den Rest vertraue Gott einfach an. Er wird sich darum kümmern.

2. Hör mal in einem Bereich deines Lebens (Finanzen, Beruf, Familie, Erziehung, Verein, Gemeinde ...), den du vorzugsweise mit deinem Verstand beackerst, genau hin. Was will Gott dir sagen? Welcher Vertrauensschritt ist dran? Vielleicht hast du es schon längst gehört, aber es fehlt dir noch das Vertrauen?

3. Bitte Gott, dass er dir in genau den Situationen, die über deinen Verstand gehen, wo du im wahrsten Sinne nicht mehr weiterweißt, begegnet. Bitte ihn, dass er sich ganz konkret offenbart – und zwar so, dass es aus menschlicher Sicht vollkommen unlogisch ist. Bitte ihn, dass du ihn mit mehr als nur dem Verstand erfassen kannst. Er wird sich dir offenbaren. Versprochen!

9. WER AN JESUS GLAUBT, HAT EIN EINFACHES LEBEN VOR SICH

„Du musst einfach mehr beten, mehr glauben und jede einzelne Sünde bekennen, dann wird Gott dich segnen mit einem einfachen Leben und Überfluss, wohin du schaust."

Ganz ehrlich: Ich habe keine Ahnung, wie man auf diese Gedanken kommen kann. Ich kann zwar nicht die ganze Bibel auswendig (sorry!), aber mir fällt im Moment einfach keine Stelle ein, in der Jesus davon spricht, dass, wer an ihn glaubt, in Gesundheit, Wohlstand und Reichtum leben wird bis ans Ende seines Lebens.

Aber das Dilemma unserer heutigen Zeit besteht ja darin, dass es nicht jeden (selbsternannten) Prediger interessiert, was Jesus gepredigt hat und was nicht. Also wird mal munter in die Welt hinausposaunt, dass du als Christ ein einfaches Leben vor dir hast – weil Gott dich ja schon segnet, wenn du genug glaubst, betest und deine Sünden bekennst. Und zwar jede. Selbst die, die du gar nicht laut auszusprechen wagst.

Solltest du jetzt denken, dass ich ja schon ein bisschen stark übertreibe, dann muss ich dich leider beunruhigen: Das ist keine Karikatur, das ist bittere Realität.

Es gibt nicht wenige Christen, die regelrecht darunter leiden, dass sie kein „einfaches Leben" haben, denn das bedeutet ja: Ich glaube nicht genug, ich bete nicht genug, und irgendwo um Himmels willen muss sich noch eine

Sünde verstecken, die ich noch nicht bekannt habe. Wo war sie noch mal? Ich finde sie einfach nicht. Also fange ich an, Dinge und Verhaltensweisen als Sünde zu deklarieren, die keine sind, aber was soll's: Irgendwas brauche ich zum Bekennen. Da kann man schon mal kreativ werden, was den Sündenkatalog und vor allem das Sündenranking betrifft.

Gut, gut, ich schalte mal einen Gang zurück, was den Sarkasmus angeht. Es macht mich nur einfach unglaublich traurig, denn was hier geschieht, nennt sich „geistlicher Missbrauch". Da bietet das Leben schon so ausreichend Steine, Klippen und Hürden – dann kommt auch noch eine theologische Lehre hinzu, die meint, als Christ habe man ein einfaches Leben vor sich. Und aus dieser komischen Lehre wird eine geistliche Leere, die sich so fies anfühlt, dass man sich wie im Hamsterrad der Werkgerechtigkeit fühlt und versucht, fehlende Einfachheit im Leben dadurch auszugleichen, dass man sich über die Maße und schier bis zur Besinnungslosigkeit für Gott einsetzt.

Und warum? Weil da mal eine(r) kam und behauptete: Wer an Jesus glaubt, hat ein einfaches Leben vor sich.

Ganz ehrlich: Das kann nur in einer Katastrophe enden, wenn du glaubst, als Christ hättest du ein einfaches Leben vor dir.

Die Katastrophe besteht nämlich darin, dass du früher oder später zu zweifeln beginnst und das Gedankenkonstrukt Risse erfährt. Du traust der Aussage nicht mehr so ganz – siehst in deinem Leben einfach viele Baustellen und fragst dich zugleich: Könnte es sein, dass ich gar kein einfaches Leben haben muss? Aber was mache ich dann mit meinen ganzen unperfekten Bereichen? Also, was mache ich mit mir selbst?

Und dann kommst du entweder dorthin, dass du wieder in dein Gedankenkonstrukt zurückfällst und versuchst, die Risse nach und nach zu kitten; dir einzubilden und klarzumachen, dass es ja schon so sein müsse, ein einfaches Leben zu haben, denn schließlich ist Jesus ja nichts unmöglich.

Oder du hinterfragst, denkst nach. Generell keine schlechte Idee! Du stellst immer mehr infrage, ein einfaches Leben haben zu können, denn die Realität zeichnet vom Leben einfach ein ganz anderes Bild.

Oder auch mal anders gefragt: Ist ein einfaches Leben überhaupt erstrebenswert?

Da erblickst du als kleiner Wonneproppen und Everybody's Darling das Licht der Welt. Du wirst verhätschelt und getätschelt von Helikopter-Eltern, die dich am liebsten in Watte packen würden. Feuchttücher und Sagrotan sind dein ständiger Begleiter. Wo andere Kinder den Duft von Feuerrauch, Dreck und Katzenhinterlassenschaften im Sandkasten einatmen, inhalierst du Desinfektionsmittel und den Duft von – nichts. Denn alles ist steril um dich herum. So lange, bis du in die Schule kommst. Du wirst mit der Realität konfrontiert, aber dank unzähliger Nachhilfelehrer, Mathe-Kurse, die du schon im Kindergarten besucht hast, um zur Alete-Elite zu gehören, und dem strengen Blick deiner Eltern bei den Hausaufgaben legst du einen 1,0-Schulabschluss hin, beginnst das Studium eines neuen, erfolgversprechenden und in die Zukunft weisenden Studiengangs. So nebenbei lernst du deinen Traumpartner kennen, ihr heiratet, zeitgleich mit dem Abschluss des Studiums kommen die besten Kinder der Welt zur selbigen, du startest eine Bilderbuchkarriere in einem absolut sauberen Unternehmen, engagierst dich in der Gemeinde, deine Kinder entwickeln sich prächtig (klar, es sind ja auch deine Kinder), du gehst frühzeitig in den Ruhestand, weil du nicht weißt, wohin mit dem Geld, und deinen Lebensabend fristest du nicht im Altenheim, sondern in einem eigens dafür gekauften, schönen Häuschen, und diese irdische Welt verlässt du einfach, indem du ein letztes Mal ausatmest. Deine Angehörigen werden auf deinen Grabstein schreiben: „Er lebte ein einfaches Leben."

Ist das erstrebenswert? Hast du darauf Lust? Ganz ehrlich: Ich würde mich zu Tode langweilen. Gut, okay, zumindest würde ich mich langweilen. Wer will schon so ein Leben?

Ich erinnere mich noch, als ich im Studium eine E-Mail eines Freundes bekam, die ungefähr so klang:

„Lieber Dave,

ich muss bei uns in der Jugend demnächst eine Andacht halten. In der Andacht soll es darum gehen, dass Gott nicht nur jemand für Verlierer, sondern auch für Gewinner ist. Also dass der Glaube nicht nur eine Krücke für die Schwachen ist, sondern dass auch Gewinnertypen den Glauben an Jesus leben können und sollen.

Ich habe in der Bibel mal ein wenig nachgeschaut. Aber ich habe da irgendwie nichts gefunden. Du studierst doch Theologie. Kannst du mir da ein paar Bibelstellen nennen? Das wäre super!

Liebe Grüße,

Alex"

Das hat natürlich meinen Ehrgeiz geweckt. Ich begann in der Bibel zu blättern. Ich blätterte und blätterte und blätterte eine ganze Weile und wurde ein wenig unruhig. Ich nahm ein Personenregister der Bibel zur Hand und ging die Namen einfach mal so ein bisschen durch.

Abraham. Klar. Der absolute Gewinnertyp. Bekommt ein ganzes Land verheißen und Nachkommen wie Sand am Meer oder eben wie Sterne am Himmel. Aber Moment, da war doch was mit seinem Unglauben darüber, und ein wenig hat er Gott ja auch ins Handwerk gepfuscht, indem er zunächst mit seiner Magd ein Kind in die Welt setzte. Also gut, kein Gewinnertyp.

David. Natürlich. Klar. Wieso bin ich da nicht schon früher darauf gekommen? Der mächtigste und erfolgreichste König Israels, ein Virtuose an der Harfe und obendrauf ein Meister der Poesie. Wenn der mal kein Gewinnertyp ist. Aber Moment, da war doch was mit einer Frau namens Bathseba. Eine Affäre, und um sie zu vertuschen, waren ihm alle möglichen und unmöglichen Mittel recht – selbst Mord. Also gut, kein Gewinnertyp. Zumindest nicht so ohne Weiteres.

Josef. Der kann ja nun mal gar nichts dafür, dass er im Gefängnis landet. Das war Verleumdung. Zudem wurde der arme Tropf von seinen Brüdern in ein Brunnenloch geworfen und an Händler aus dem fernen Ägypten verkauft. Dort wurde er dann der Vize-Chef des Landes – wenn das mal kein Gewinnertyp ist. Wenn da nicht die Sache mit seinem Hochmut und Stolz gewesen wäre, die schon seine Brüder in jungen Jahren mächtig genervt hat. Also auch kein reiner Gewinnertyp. Es ist aber auch zum Verzweifeln.

Und so ging ich einige Namen durch und stellte fest:

Es gibt nicht den einen, reinen Gewinnertyp in der Bibel. Irgendwo hatten sie alle zu kämpfen und waren bei allen Siegen auch so richtige Verlierer.

Das heißt nun aber natürlich nicht, dass wir möglichst verliererhaft rüberkommen und unser Dasein so fristen sollen. Beim besten Willen nicht.

Dass in der Bibel kein reiner Gewinnertyp zu finden ist, drückt für mich aber eben auch aus, wie es nun mal so ist: Das Leben ist eines der kompliziertesten. Ohne Jesus – aber auch mit Jesus. Ganz sicher! Warum sollte es auch anders sein?

Ich habe eine kleine Familie, die ich über alles liebe. Eine Frau, einen Sohn, eine Tochter. Kein Hund, keine Katze und meistens auch keinen Vogel.

Als Pfarrer einer wunderbaren Gemeinde vergeht kein Tag so, wie ich ihn morgens mir dachte. Mein Leben besteht also aus lauter ungeplanten Ereignissen. Oder anders gesagt: Mein Leben ist alles andere als einfach. Und weißt du was? Das ist gut so! Einfach ist was für Langweiler. Einfach ist was für Menschen, die sich der Realität nicht stellen wollen. Einfach ist was für die, die aufgegeben haben, zu träumen und leidenschaftlich zu leben.

Einfach ist vor allem für diejenigen etwas, die ihr Leben selbst in die Hand nehmen können. Denn dann spielt sich ihr Leben immer schön in dem Rahmen ab, den sie sich selbst stecken. Wow. Wie langweilig! Stell dir vor, du wärst das Maß aller Dinge!? Wäre das nicht schrecklich? Ohne dir jetzt zu nahe treten zu wollen, muss ich dir eine gute und eine schlechte Nachricht mitteilen.

Die gute Nachricht: Es gibt einen Gott.

Die schlechte Nachricht: Du bist es nicht. Okay. Vielleicht ist sogar das eine gute Nachricht. Aber sei's drum. Dann hast du soeben zwei gute Nachrichten gehört.

Und die noch viel bessere Nachricht ist: Vergiss ein einfaches Leben! Das wird es nie geben. Es sei denn, du ziehst dich in eine Höhle zurück – weit entfernt von allen Menschen. Nur Vorsicht, nicht dass dir noch die Decke auf den Kopf fällt. Das könnte mitunter das Ende des (einfachen) Lebens sein. Aber solange wir leben, solange wir mit Menschen leben, solange wir von Menschen umgeben sind, die wir nicht so programmieren können, wie wir es gerne hätten; solange wir in einer Welt leben, in der es die Sünde gibt – so lange wird es kein einfaches Leben geben.

Und es soll auch niemand ankommen und sagen: „Glaube nur genug und dein Leben wird einfach sein!"

Das wird nie und nimmer funktionieren. Es kann gar nicht funktionieren. Ich will dir kurz erklären, warum es das nicht kann.

Bevor Gott allein durch sein Wort alles ins Dasein rief – wir nennen es die „Schöpfung" –, existierte diese Welt in der Zustandsform eines durchschnittlichen Kinderzimmers. Im Hebräischen klingt das so: Tohuwabohu.

Das bedeutet also, dass der ursprüngliche Zustand vor der Schöpfung ein chaotischer Zustand war. Es war kein einfacher Zustand. Es braucht nicht weniger als Gottes mächtiges Wort, um aus diesem chaotischen Zustand etwas von unbeschreiblicher Schönheit zu erschaffen. Aber der ursprüngliche Zustand war tohu-wa-bohu – wüst und leer.

Das heißt also, die ursprüngliche Existenzform der Erde war Chaos – und nicht Einfachheit. Oh, ist das Balsam auf der Seele aller Kreativlinge, die es mit der Ordnung nicht so haben, oder? Aber, liebe Ehemänner, bitte nicht als Ausrede dafür verwenden, dass ihr alles in der Wohnung herumliegen lasst. So ist das nicht gemeint.

Vielmehr ist es so, dass schon diese Erde nicht von alleine geordnet, einfach und strukturiert war.

Und jetzt kommt jemand daher und sagt dir: „Glaube nur an Jesus, dann wird dein Leben ein einfaches Leben sein. Du wirst gesund sein, glücklich sein und immer genug Geld haben." Das funktioniert nicht, weil es nicht zum Wesen dieser Welt gehört – spätestens seit dem Sündenfall nicht mehr, in dem der Mensch die Trennung von Gott suchte. Ja, genau, diese Geschichte, in der Adam und Eva von der verbotenen Frucht gegessen haben.

Vor dem Sündenfall gab es die Möglichkeit des Sündigens nicht. Nach dem Sündenfall gibt es für uns Menschen die Möglichkeit des Nichtsündigens nicht mehr. Klingt kompliziert, ist aber ganz einfach (was ich an dieser Stelle natürlich als Wort verwenden darf): Bevor Adam und Eva von der Frucht aßen (übrigens steht nirgends, dass es ein Apfel war), war Sünde kein Bestandteil ihres Lebens. Nach dem Sündenfall ist die Sünde aus dem Leben des Menschen nicht mehr wegzudenken.

Jetzt könnte man einen langen Exkurs zum Thema Sünde hier anfügen, worauf ich aber verzichte. Vielmehr will ich kurz und knackig sagen: Sünde ist keine Tat, sondern ein Zustand – nämlich der denkbar schlechteste: Das Getrenntsein von Gott.

Und ein einfaches Leben im Sinne von „Mir fällt alles zu" kann es deswegen nicht geben, weil der Mensch nur bei 100%iger Übereinstimmung mit dem Wesen und Willen Gottes seine vollständige Erfüllung findet. Das ist aber ausgeschlossen, solange wir leben, wie wir eben festgestellt haben.

Und dennoch ist es unglaublich reizvoll zu glauben, ein einfaches Leben wäre erstrebenswert und gut und möglich. Ähnlich wie die Schlange Adam und Eva im Paradies zuflüsterte: „Sollte Gott wirklich gesagt haben, ...?"

Ja, Gott hat gesagt. Genauer gesagt hat Gott gesprochen und dadurch diese gesamte Erde ins Dasein gerufen. Und was wir benötigen, sind Worte Gottes und nicht Worte vermeintlicher Prediger, die dir das Blaue vom Himmel versprechen, wenn du nur Jesus folgst.

Ich denke nämlich an eine Bibelstelle, die ganz anders klingt als das Blaue vom Himmel:

Jesus Christus spricht: „Wer mir nachfolgen will, der verleugne sich selbst und nehme sein Kreuz auf sich und folge mir nach. Denn wer sein Leben erhalten will, der wird's verlieren; und wer sein Leben verliert um meinetwillen und um des Evangeliums willen, der wird's erhalten." (Markus 8,34–35)

Erst einmal: Der Vers hat schon so manchen Christen in mittelschwere Depressionen gestürzt: „Was, ich soll mein Leben aufgeben?"

Irgendwie schon. Irgendwie aber auch nicht.

Lass es mich dir erklären. Ich glaube nicht, dass Gott dich zu einem bestimmten Leben erschaffen hat, das du nun aufgeben musst. Nach dem Motto „Haha. Schön war's, gell? Jetzt ist aber genug. Jetzt gibst du das alles schön auf, folgst mir nach, setzt jeden Tag eine Trauermiene auf, gehst zum Lachen in den Keller und machst die Menschen glauben, dass Christsein nur was für Verlierer und Langweiler ist."

Manche lesen diesen Vers in der Tat so. Manche lesen ihn so, als wolle Jesus von seinen Nachfolgern, dass sie sich am besten noch selbst kasteien und sich selbst Schmerzen zufügen und den Weg des Lebens noch steiniger werden lassen, als er ohnehin schon ist.

Aber mal im Ernst: Jesus meint etwas ganz anderes hier. Lass es mich dir mit einem Wort erklären: Hingabe! Hingabe ist das neue Einfach!

Und mit diesem einen Wort ist dieser ganze Vers erklärt: Hingabe.

Wir hatten es im zweiten Kapitel schon, erinnerst du dich? Hingabe meint nichts anderes, als dass mir eine Sache, eine Person, eine Angelegenheit so wichtig ist, dass volle Konzentration darauf eben ausschließt, sich auf etwas anderes zu konzentrieren.

Hingabe an meine geliebte Ehefrau bedeutet, dass ich anderen Frauen nicht einmal in Gedanken hinterherrenne.

Hingabe an meinen Lieblingsfußballverein (okay, in meiner konkreten Situation erfordert das auch hohe Leidensbereitschaft, weil Badens Hauptstadt schon mal besser dastand im deutschen Fußball) bedeutet gleichzeitig, dass kein anderer Fußballverein auch nur ansatzweise so interessant sein kann wie „mein" Karlsruher SC.

Hingabe an Jesus ist eigentlich gar nicht so schwierig. Es hat jedoch – einmal mehr – sehr viel mit Vertrauen zu tun. Vertrauen darauf, dass Jesus wirklich das Beste für mein Leben will und der Beste für mein Leben ist. Das aber erfordert eine Umkehrung dessen, was in unserem Leben Realität ist und was nicht.

Ich erinnere mich noch gut an ein Gespräch mit einem Gemeindemitglied, das ich einmal nach dem Gottesdienst in der „Oase“ (so heißt das kleine Bistro unserer Kirchengemeinde, das nach dem Gottesdienst geöffnet hat) geführt habe.

In dem Gespräch ging es darum, was eigentlich Realität ist und was Störfaktoren, Zugaben, „nice to have“, aber eben nicht Realität ist.

Als Christ kann ich sagen: Meine Realität ist, dass ich ein Kind Gottes bin. Dass es einen Gott gibt, der nicht irgendwo auf den Wolken thront und mit den Planeten Murmeln spielt, sondern der alles dafür gibt (und am Kreuz gab), dass ich als sein Kind lebe. Das heißt: dass ich mich ihm hingebe, dass ich mein Leben als eine Hingabe an den dreieinigen Gott, den Vater, den Sohn und den Heiligen Geist, sehe.

Manchmal habe ich den Eindruck, dass wir (okay, wer ist wir? Ich nehme jetzt mal so den durchschnittlichen Christen im deutschsprachigen Europa) dem Glauben den Raum beimessen, den er eben noch bekommt, wenn wir alles andere in unserem Leben und Alltag geregelt bekommen.

Wie wäre es aber, wenn wir den Spieß mal umdrehen? Wie wäre es, wenn wir zuerst in der Realität des Glaubens leben würden und aus dieser heraus den Alltag mit seinen ganzen Herausforderungen annehmen? Hingabe!

Wie wäre es, wenn wir folgende geistliche Wahrheit ernst nehmen und daraus leben würden:

Gehört jemand zu Christus, dann ist er ein neuer Mensch. Was vorher war, ist vergangen, etwas Neues hat begonnen. (2. Korinther 5,17)

Viel mehr drehen wir uns aber um Probleme, Herausforderungen, Alltagsbewältigung, Schmerzen, Sorgen, Einkäufe, Hoffnungen, Politik, Erledigungen, Verabredungen, Enttäuschungen, Hausaufgaben, Krankheiten, Geld, Termine, Hobbys und was weiß ich noch alles.

Und wenn unsere Gedanken damit so weit fertig sind, dann fragen wir uns in einem guten Moment: „Okay, und wie soll ich das nun als Christ meistern? Gott, kannst du mir auch noch irgendwie helfen?“ In einem weniger guten Moment fragen wir (uns) nicht mal das.

Es wird Zeit für einen Paradigmenwechsel in der Realitätswahrnehmung.

Wer Jesus nachfolgt, der ist frei von diesen Dingen. Nicht dass sie nicht mehr da wären – oh nein. Beim besten Willen nicht. Sie sind es. Und wie!

Aber das tatsächlich Neue daran, zu Jesus gehören, ist doch, dass unsere Realität zuerst davon bestimmt ist, dass wir ein Kind Gottes sind; ein Kind des Höchsten. Und *dann* kommt der Rest.

So schwer es klingt, so hart es klingt: Nicht deine Probleme, deine Herausforderungen, ja sogar nicht einmal deine Schmerzen, Angst und Zweifel, aber auch nicht deine Hobbys, Leidenschaften und angenehmen Seiten des Lebens haben dich zu bestimmen, sondern einzig die Wahrheit: Ich bin ein geliebtes Kind Gottes.

Wie das geht? Ein Kind Gottes zu sein? Eigentlich ist die Antwort recht einfach, denn es sind nicht alle Menschen automatisch durch die Geburt Kinder Gottes.

Die ihn aber aufnahmen und an ihn glaubten, denen gab er das Recht, Kinder Gottes zu werden. (Johannes 1,12)

Probier’s aus! Und du wirst sehen: Das Leben hat weit mehr zu bieten als das, was wir sehen – wenn wir das Leben nur richtig betrachten und von der richtigen Seite aus angehen und leben.

Wenn Paulus im Epheserbrief (Epheser 1,3) schreibt, dass Gott uns mit „allem geistlichem Segen des Himmels gesegnet hat“, dann ist es genau das, was auf uns wartet, wenn wir das Leben sehen, das eigentlich die Realität ist – hinter all den Dingen, die sich uns in den Weg stellen.

Und das bedeutet für mich eine radikale Hingabe an Jesus; dass wir uns eben nicht blenden lassen von dem, was sich uns als „Leben“, als Realität in den Weg stellt, sondern dass wir zuallererst danach fragen, was unsere Identität in Jesus ist.

Bill Hybels, ein us-amerikanischer Pastor, von dem ich unglaublich viel lerne, hat ein Buch mit dem Titel „Einfach“ geschrieben. Er hat diesen Paradigmenwechsel vorgenommen. Und im Hinblick darauf kann ich sagen: Ja, es stimmt dann doch. In *diesem* Sinne können Jesus-Nachfolger ein einfaches Leben führen, wenn sie nicht darunter verstehen, dass ihnen alles zufällt. Vielmehr wird dieses Leben von Hingabe an Jesus geprägt sein und einem Lebensstil, der zuerst nach den geistlichen Dingen und dann nach den irdischen Dingen fragt.

Und glaube mir: Das hat Auswirkungen. In der sichtbaren wie auch in der unsichtbaren Welt. Denn ich glaube, dass es eine Welt gibt, die uns umgibt und die Einfluss auf unser sichtbares Leben nimmt: die geistliche Realität.

Immer wieder höre ich Menschen sagen, dass sie auch gerne „krasse Dinge mit Jesus erleben wollen“, dass sie Wunder erleben wollen, dass sie sehen wollen, wie Jesus in ihr Leben ganz konkret eingreift. Und ich frage mich dann manchmal, ob sie auch bereit sind, den Preis dafür zu bezahlen. Nämlich das Leben als solches aufzugeben und zuerst nach den geistlichen Dingen zu fragen – und sich nicht blenden lassen von dem, was vor Augen ist.

Mag das, was vor Augen ist, auch noch so chaotisch, schmerzhaft und unsicher sein.

Der anglikanische Bischof und Theologe Handley Moule sagte einmal:

„There ist no situation so chaotic that God cannot from that situation create something that is surpassingly good. He did it at creation. He did it at the cross. He is doing it today."

– „Es gibt keine noch so chaotische Situation, aus der Gott nicht etwas unvergleichlich Gutes erschaffen könnte. Er tat es bei der Schöpfung. Er tat es am Kreuz. Er tut es heute."

Ein leichtes Leben hat Jesus keinem seiner Nachfolger prophezeit – dass er jeden einzelnen Tag bei uns ist und wir mit ihm Wunder erleben werden, jedoch schon! Darauf kannst du dich verlassen, wenn du diesen Paradigmenwechsel vollziehst und dein Leben zuerst aus einer geistlichen, dann aus der irdischen Dimension heraus siehst.

JETZT WIRD'S KONKRET:

1. Welche chaotische Situation deines Lebens kommt dir gerade in den Sinn? Betrachte sie einmal aus geistlicher Sicht und nicht aus irdisch-menschlicher Sicht. Was verändert sich?

2. Hat dir schon einmal jemand gesagt oder hast du es schon einmal in einer Predigt gehört, dass du „mehr" glauben, beten und bekennen musst, damit es dir besser geht? Bitte den Heiligen Geist, dass

er dir darüber die Augen öffnet, was wahr ist und was nicht.

3. Nimm dir – erst einmal – für die kommende Woche vor, dass du den Tag bewusst aus einer geistlichen Perspektive und im Wissen um die geistliche Realität beginnst. Wenn es dir hilft, dann hänge dir Epheser 1,3 irgendwo in deiner Wohnung auf, wo du mehrmals am Tag daran vorbeikommst.

10. DEIN PASTOR IST EIN SUPERCHRIST

Mose tötete einen ägyptischen Aufseher, König David hatte Sex mit einer nicht mit ihm verheirateten Frau, Jakob war gelinde gesagt ein Schlitzohr (okay, er war ein Lügner und Betrüger) und Paulus zunächst ein Christenverfolger. Elia hatte Depressionen, Jeremia haderte mit Gott und Petrus war nicht frei von Zweifeln.

Warum um alles in der Welt sollte ausgerechnet dein Pastor oder Pfarrer ein Superchrist sein? Das ist vollkommener Schwachsinn. Und da spreche ich aus Erfahrung.

Du hast mit Anfechtungen zu kämpfen – dein Pastor auch.

Du zweifelst manchmal – dein Pastor auch.

Dein geistliches Leben ist mal so, mal so – bei deinem Pastor auch.

Du verstehst Gott manchmal nicht – dein Pastor auch nicht.

Du hast nicht auf alle (Glaubens-)Fragen eine Antwort – dein Pastor auch nicht. Und sollte er sie haben, sei skeptisch!

Selbst wenn du berechtigten Grund zur Annahme hast, dass dein Pastor ein Superchrist ist – vergiss es!

Natürlich ist es etwas Besonderes, Sonntag für Sonntag vor vierzig, zweihundert oder tausend Menschen zu stehen und zu predigen.

Natürlich ist es etwas Besonderes, ein kleines Unternehmen namens „Gemeinde“ zu leiten, das zu einer weltweit operierenden Non-Profit-Organisation namens „Kirche“ gehört.

Natürlich ist es etwas Besonderes, für viele ehrenamtliche und hauptamtliche Mitarbeiter sozusagen der Chef zu sein, sie zu führen, anzuleiten, zu begleiten, zu coachen und ihnen zu helfen, ihren Platz im Leben, in der Gemeinde und in der Gesellschaft zu finden.

Natürlich ist es etwas Besonderes, für Menschen da zu sein, wenn sie an den Brüchen ihres Lebens zu scheitern drohen und Hilfe nötig haben.

Natürlich ist es etwas Besonderes, Menschen zu dienen, die einen großen Grund zur Freude haben: sei es die Segnung des Babys, die Taufe aus einer freien Entscheidung, die Konfirmation nicht nur aus Geldgründen oder die Trauung zweier Menschen zu gestalten, die aus Liebe zueinander ihren Lebensweg nun gemeinsam gehen wollen.

Natürlich ist es etwas Besonderes, Person des öffentlichen Lebens zu sein und Repräsentant einer exotischen Gruppe namens „Christen“ in einer Welt zu sein, die sich nicht immer nach Gottes Maßstäben verhält. Okay, zugegebenermaßen sehr selten so verhält.

Aber willst du die Wahrheit wissen? Das Ganze kann auch eine sehr, sehr große Last sein!

Während meiner Ausbildung war ein ganz großes Thema die Frage nach dem Bild des Pfarrers in der heutigen Zeit. Vorbei sind nämlich die Zeiten, in denen der Pfarrer nach dem Bürgermeister der zweite Mann im Dorf ist. Gut, okay, in manchen Regionen unseres Landes ist das gefühlt immer noch so. Aber ich kenne keinen Kollegen oder Kollegin, die den ganzen Tag im Talar durchs Dorf läuft. Pfarrerinnen und Pfarrer, Pastorinnen und Pastoren sind Menschen wie du und ... ich. Okay, du verstehst, was ich meine, oder?

Ein Schlagwort, das mich bis heute begleitet, ist der sogenannte „Package-Deal". Er entstammt einem Aufsatz der Theologieprofessorin Isolde Karle und beschreibt das Wechselspiel aus den guten, erhebenden und erfreulichen Begleiterscheinungen des Pfarrberufs und den Begleiterscheinungen, für die man in einer anderen Branche den Arzt oder Apotheker aufsuchen sollte.

So schön und besonders die oben aufgezählten Dinge sind, gibt es eben auch ganz anderes zu meistern, von dem viele gar nichts wissen.

Als Pfarrer oder Pastor ist man rund um die Uhr „im Dienst". Das steht so nicht wörtlich, aber zumindest sinngemäß im sogenannten Pfarrdienstgesetz, das beschreibt, was ich zu tun und zu lassen habe als Pfarrer. Das beginnt dort, wo die Leute abends um 22 Uhr anrufen und wissen wollen, wann die Konfirmation in drei Jahren ist, weil sie jetzt schon mal ein Restaurant reservieren möchten, und endet auch dort nicht, wo man in seelsorgerlichen Gesprächen Dinge erfährt, die man am liebsten nicht hören möchte, weil sie einen selbst belasten, weil man das nie von dieser Person dachte oder weil sie einfach zu abgefahren, ja manchmal schon fast verstörend sind.

Und nicht umsonst heißt es: „Pfarrers Kinder, Müllers Vieh, geraten selten oder nie!" Ich bin selbst Pfarrerskind und weiß, wovon ich rede. Als sei es nicht ausreichend genug gewesen, dass mein Vater ständig im Licht der Öffentlichkeit stand, waren wir Kinder (ich habe zwei Geschwister) mit einbezogen in das Scheinwerferlicht. Die ganze Pfarrersfamilie wird gescannt. Und wo es egal ist, wenn ein anderes Kind mal so richtig danebenhaut, da stecken die Menschen beim Pfarrerskind die Köpfe zusammen und tuscheln: „Also, so was hätte ich ja nicht gedacht. Nicht bei unserem Herrn Pfarrer. In der Gemeinde immer große Töne spucken, aber zu Hause die Kinder nicht erziehen können?" Aber glaube mir: Pfarrerskinder sind nicht per se schlechtere Kinder. Bitte. Glaube das nicht. Zumindest meinen beiden Kindern zuliebe nicht ...

Ganz zu schweigen davon, dass dieser Beruf einen zweiten Beruf mit sich bringt, für den es weder eine Ausbildung noch eine Bezahlung gibt: den Beruf der Pfarrfrau. Ich bin Gott so unendlich dankbar, dass er mir eine Frau an die Seite gestellt hat, mit der ich meine Träume und Visionen von Gemeinde träumen und leben kann. Und ich bin Gott unendlich dankbar, dass er mir eine starke Frau an die Seite gestellt hat – er wusste, warum!

Ich erinnere mich noch gut an eine Situation in meiner ersten Gemeinde. Nach dem Gottesdienst sprach mich eine Frau aus der Gemeinde an, die verantwortlich war für Geburtstagsbesuche, und meinte: „Frau Sowieso hat diese Woche Geburtstag. Und es wäre wirklich wichtig, wenn du sie besuchst. Sonst nimmt sie dir das krumm. Und wenn du nicht kannst, dann kann vielleicht ja deine Frau gehen und sie besuchen!"

Ich stelle mir das so vor, wie ich mal zum Arzt gehen werde und die Sprechstundenhilfe sagt: „Tut mir leid, der Doc kann heute nicht. Dafür ist aber seine Frau am Start. Sie ist eigentlich Lehrerin, aber das ist ja egal. Hauptsache,

Sie können mit jemandem über ihre Krankheit reden." Es wäre mit Sicherheit mein letzter Besuch in dieser Arztpraxis gewesen.

Ganz abgesehen von der Frechheit, dass meine Frau plötzlich in meinen Dienst mit einbezogen wird. Es reicht ja schon, wenn frühmorgens jemand aus der Gemeinde klingelt, ein paar Muster für die neuen Sitzpolster der Kirchenbänke dabeihat und meine Frau sagen soll, welches denn nun das Beste sei.

Jetzt fallen Sitzpolster und Geburtstagsbesuche sicherlich nicht in die Rubrik „Breaking News", nein, ganz sicher nicht. Aber siehst du das Dilemma dahinter? Wie in kaum einem anderen Beruf fällt es schwer, Beruf und Privatleben zu trennen. Was war ich froh, dass in meiner ersten Gemeinde der Garten des Pfarrhauses hinter dem Haus war und niemand zusehen musste, wie ich zur Belustigung meiner Kinder mit Klamotten ins Planschbecken gesprungen bin. Wie hätte ich das denn bitte schön vor der Gemeinde rechtfertigen sollen?

Viele Menschen erwarten, dass der Pfarrer rund um die Uhr ansprechbar ist, und können es wirklich nicht verstehen, wenn dieser sich auch einmal abgrenzen und einfach Zeit für seine Familie haben möchte. Oder für seine eigenen Hobbys. Oder sagen wir es schlichter: Zeit für sein ganz persönliches Leben.

Und dieses leidet immer. Als ich in der Gemeinde einmal einen wirklich sehr, sehr großen Konflikt lösen musste, der sich über Monate hinweg hinstreckte und mich an den Rand meiner Belastbarkeit brachte, hatte ich sehr viele Meetings und Einzelgespräche zu führen. Für einen Nachmittag hatten wir Besuch von Freunden ausgemacht, die nicht mal so schnell vorbeikommen können, weil sie ein Stück zu fahren hatten. Was habe ich mich darauf gefreut. Und dann kam wenige Stunden vorher der Anruf. Ich solle mich doch umgehend, also noch heute, mit zwei Personen treffen, um ein weiteres Konfliktgespräch zu führen. Heute würde ich das nicht mehr tun, damals habe ich es getan und weit weniger Zeit mit dem befreundeten Ehepaar verbringen können, weil das Konfliktgespräch einfach dauerte und dauerte und dauerte.

Und dann dieses immerwährende schlechte Gewissen. Zwar habe ich am Vormittag schon Reliunterricht gegeben, im Büro ein dienstliches Meeting gehabt, am Mittag eine Beerdigung, gefolgt von einem Taufgespräch, einem Meeting für den Gottesdienstbereich und einem seelsorgerlichen Gespräch. Dazwischen Telefonate, E-Mails und Predigtvorbereitung. Ein Blick auf die Uhr sagt, dass die Arbeitsstunden dieses Tages schon im zweistelligen Bereich liegen – ja, ist es dann nicht vermessen, schon Feierabend zu machen und mal die Seele baumeln zu lassen? Müssen die Arbeitsstunden nicht erst noch in den dreistelligen Bereich wachsen?

Ich kenne keinen einzigen Kollegen, der dieses Dilemma nicht kennt. Die Arbeit endet nie. Es gibt immer etwas zu tun. Nie ist man fertig, ständig schiebt sich etwas dazwischen und jeder Tag verläuft ohnehin noch mal anders, als er schon anders gewesen wäre.

Und dann dieser Anachronismus: Wenn normale Menschen am Wochenende endlich Zeit haben für ihre Freizeitbeschäftigungen, für Hobbys, den Schrebergarten, Partys, die Autowäsche oder den Stadionbesuch – dann hat der Pfarrer Großkampftag. Denn schließlich soll ja jeder Gottesdienst eine geistliche Explosion sein, etwas Besonderes, den Gottesdienst von vor sieben Tagen zuvor natürlich noch mal toppen.

Keine Sorge. Ich liebe meinen Beruf. Und ich glaube, ich würde nicht eine Sekunde zweifeln, wenn ich noch mal vor die Wahl gestellt werden würde, was ich beruflich machen möchte.

Aber so locker flockig, wie das oft aussieht, ist es beim besten Willen nicht. Und da spielt es keine Rolle, ob wir von landeskirchlichen Pfarrerinnen und Pfarrern oder freikirchlichen Pastorinnen und Pastoren sprechen.

Der „Package-Deal" stimmt einfach nicht.

Und wenn du mal die Stressresistenz und das Frustrationspotenzial deines Pastors testen möchtest, dann frag ihn einfach mal, wie der letzte Urlaub war. Oder was sein persönliches, geistliches Leben betrifft. Oder ob er dir mal schnell aus dem Stand heraus drei Hobbys aufzählen kann und wann er das Gefühl hatte, diesen ausgiebig und ohne schlechtes Gewissen nachgegangen zu sein.

Natürlich kann man das alles lernen. Es gibt wirklich sehr, sehr gute Fortbildungen und Mentorenprogramme. Und ich bin persönlich außerordentlich dankbar für meinen Coach, den ich zwar viel öfter aufsuchen sollte, von dem unterstützt ich aber jedes Mal so dermaßen erfüllt und ganz neu beflügelt in den Dienst zurückgehe, dass ich es manchmal selbst nicht glauben kann.

Du siehst: Pastorinnen und Pastoren, Pfarrerinnen und Pfarrer sind auch nur Menschen.

Hör also auf, in deinem Pastor oder Pfarrer einen christlichen Superhelden zu sehen. Er ist ein Mensch wie du auch. Er ist dein Bruder und du kannst für ihn beten wie für jeden anderen auch. Und vielleicht ist das wirklich das Beste, das du tun kannst: für deine Pfarrerin, deine Pastorin, deinen Pfarrer, deinen Pastor zu beten. Ich bin jedes Mal bewegt und tief berührt, wenn jemand aus der Gemeinde für mich betet und sieht oder zumindest erahnt, welche Kämpfe sich in einem Pfarrer abspielen, der sonntags bei der Predigt doch so ganz gechillt und erfüllt daherkommt. Denn der Sonntagmorgen ist auch nur ein Bruchteil des Lebens.

Wir wissen doch: Nicht immer geht es im Leben geradeaus. Manchmal gehen wir unsere Lebensschritte auf einem schmalen, steinigen und von Wurzeln als Stolperfallen gespickten Weg. Und das tut auch ein Pastor oder Pfarrer, selbst wenn er Theologie studiert hat und eine Gemeinde leitet.

Wenn wir ehrlich sind: nicht nur manchmal, sondern oft bis sehr oft. Na ja. Eigentlich immer. Seien wir doch mal ganz ehrlich. Wo geht's schon immer geradeaus? Erleben wir nicht oft genug, dass Pläne dafür da sind, dass sie kreativ verändert werden müssen?

Und als ob das nicht schon reicht, gesellt sich dann und wann ein fieser Nebel dazu. Er macht das Ganze erst so richtig eklig, weil er uns die Sicht versperrt, unseren Blick trübt und uns nicht mal den steinigen Weg unseres Lebens erkennen lässt.

Dieser Nebel hat viele Namen: Trauer. Krankheit. Depressionen. Einsamkeit. Hoffnungslosigkeit. Lebensangst. Versuchungen. Verstrickungen. Von alledem ist kein Pfarrer oder Pastor verschont, weil er genauso wie du – sorry, wenn ich dir jetzt eine Illusion nehme – ein Mensch ist. Ich weiß, wovon ich rede. Und ich weiß, wovon Kolleginnen und Kollegen reden.

Seit einigen Jahren bin ich Teil eines Netzwerkes namens churchconvention. Hier versammeln sich junge Pfarrerinnen und Pfarrer sowie Theologiestudierende, die eine große Leidenschaft und Vision haben: Gottes Reich sichtbar und erlebbar werden zu lassen in der Landeskirche. Und da sind grandiose Menschen dabei, von denen ich in den letzten Jahren eine ganze Menge gelernt habe. Und wenn wir uns sehen – was leider viel zu selten vorkommt –, erzählen wir uns recht offen und schonungslos, was uns bewegt. Und dann kommt beim Ersten der Nebel zutage, dann beim Zweiten, beim Dritten – und so geht es einfach weiter und ich merke: Immerhin bin ich nicht der Einzige, der immer mal wieder durch den Nebel tappen muss.

Und solch ein Nebel ist gemein. Sehr gemein.

Er lässt uns nicht mal den nächsten Schritt sehen, den wir gehen sollen. Und wenn wir ihn dann tun, fühlt sich unser Leben an wie ein einziges zaghaftes Stolpern und Nichtwissen um den richtigen Weg. Das ist einfach kein schönes Gefühl. Schon gar nicht für einen Menschen, der eine Gemeinde leitet und von dem man immer erwartet, dass er vorangeht, den Weg weiß und überhaupt viel frommer, glaubensstärker und robuster ist als ein ganz normales Gemeindeglied. Der Hirte darf eben nicht so stinken wie die Schafe. Der Hirte muss sicheren Fußes und mit festem Blick nach vorne seinen Schäfchen den Weg weisen und für sie da sein.

Aber in diesem Nebel hören wir auf, das Schöne um uns

herum wahrzunehmen – wie auch: Wir sehen es durch den Nebel doch nicht.

Und mit der Zeit vergessen wir sogar, dass es Dinge um uns herum gibt, die schön sind. Wir haben vergessen, wie schön sie sind, weil der Nebel uns über so lange Zeit die Sicht versperrt hat: Freunde. Familie. Mitmenschen. Natur. Leidenschaften. Hobbys. Gott.

Alles scheint eingetaucht in diesen Nebel, der sich auf unser Herz legt und es uns schwer macht zu atmen. Die Luft wird knapp und der Nebel ist selbst an Sonnentagen da. Und bei Pfarrern und Pastoren ist er sogar an Sonntagen da. Ja auch dann, wenn er vorne steht und predigt.

Wo bei anderen die Sonnenstrahlen der Frühlingszeit die Lebenslust und Lebensfreude wachkitzeln, scheinen sie bei anderen gar nicht durch den Nebel hindurchzudringen. Das ist fies, denn unser Herz sehnt sich händeringend nach diesem Schönen und Göttlichen im Leben, von dem es auch weiß, dass es da ist – irgendwo hinter dem Nebel. Vielleicht ist es gar nicht weit, sondern ganz nah – aber der Nebel versperrt nicht nur die Sicht, sondern auch den Weg. Es scheint zum Greifen nah – und kann doch nicht erfasst werden. Unser Herz wird hart, es wird dunkel, es hört auf zu kämpfen und schlägt immer langsamer.

Dieses Lebensgefühl ist so unglaublich schmerzhaft und unschön, dass es dringend etwas braucht, das diesen Nebel durchbricht.

Und da kommt mir ein Lied in den Sinn, das ich das erste Mal bei „Willow Creek“ im Gottesdienst gehört habe: „My Lighthouse“ von der Band „Rend Collective“.

Lighthouse. Ein Leuchtturm. Das ist es. Genau das

braucht es im Nebel. Boote und Schiffe orientieren sich am Licht des Leuchtturms, das meilenweit in die See hinausragt, die manchmal genauso stürmisch sein kann wie unser Leben.

Ein Leuchtturm macht nichts anderes, als zu leuchten. Aber seine Strahlkraft ist so immens, dass er Schiffen hilft, sicher im Hafen anzukommen. Mögen es kleine Segelboote sein oder große Schiffe mit hoher Besatzung: Der Leuchtturm leuchtet.

Durch den Sturm und das Unwetter hindurch. Sein Licht ist heller als die Dunkelheit und durchdringt den stärksten Nebel – und wenn vom Lichtkegel auch nur weit entfernt ein kleiner Lichtpunkt erkennbar ist. Das Licht ist da. Das Licht leuchtet. Das Licht schenkt Orientierung und weist den Weg in die Sicherheit.

Jesus sagte einmal: *„Ich bin das Licht für die Welt. Wer mir nachfolgt, irrt nicht mehr in der Dunkelheit umher, sondern folgt dem Licht, das ihn zum Leben führt.“ (Johannesevangelium 8,12)*

Ja, Jesus ist dieses Licht, das nicht nur in der Dunkelheit sondern auch im Nebel scheint. Manchmal sehen wir dieses Licht heller, manchmal weniger hell strahlen. Das ist leider so. Ich glaube aber nicht, dass es an der Stärke des Lichts liegt, sondern an unserer Wahrnehmung und der Schwere und Dicke des Nebels, der unser Leben überschattet.

Und doch: Seine Liebe ist uferlos, seine Treue ist ewig beständig, seine Gnade immerwährend. Manchmal wünsche ich mir, nur ein ganz kleines bisschen von dem zu sehen, wer Jesus wirklich ist – es würde mich wahrscheinlich umhauen. Da kann ich mich noch so sehr mit der Bibel beschäftigen und Theologie studiert haben – das alles ist kein Allheilmittel gegen plötzlich aufziehenden Nebel. Denn das ist leider eine sehr bezeichnende, aber auch so schlechte Eigenschaft des Nebels: Er kommt plötzlich!

So bleibt mir nur, zu ahnen, zu hoffen, zu glauben, dass Gottes liebevolle Arme stärker und weiter sind, als ich mir das jemals auch nur in meinen kühnsten Träumen erträumen kann. Und dass er als der Leuchtturm meines Lebens niemals aufhören möge, zu leuchten und mir den Weg zu weisen.

Denn mein Leben gleicht nicht selten den tosenden Wellen des Meeres, den stürmischen Winden auf offener See – schutzlos, haltlos, verloren und in der Weite ziellos dahintreibend, wenn da nicht dieser Leuchtturm wäre!

Als Christen sind wir aufgerufen, einander Nebellichter zu sein. Im doppelten Sinn: als Nebellichter, die im Nebel leuchten, und als Nebellichter, die den Nebel lichten.

Jesus sagte zu seinen Freunden: *„Ihr seid das Licht der Welt!“ (Matthäus 5,14)*

Ein Widerspruch zu dem Vers zuvor? Nein. Eine Erweiterung.

Weil Jesus, das Licht, in jedem Christen lebt, werden wir ganz automatisch auch zu Lichtern. Auch wenn du sonst vielleicht meinst, jetzt selbst nicht die hellste Kerze auf der Torte zu sein, kann ich dir versichern: Wenn Jesus sagt: „Ihr seid das Licht der Welt!“, dann verteilt er seine Strahlkraft nicht wie Kinder: „Zwei für mich, eins für dich, drei für mich, eins für dich …“ Nein, dann gibt er alles – in dich hinein, wenn du ihm nachfolgst. Seine ganze Kraft der Auferstehung, die wir an Ostern feiern, ist in dir – mehr Licht geht nicht.

Und so wirst du als Jesusmensch beides: Du wirst von einem unglaublich schönen und strahlenden Licht durch den Nebel nicht geblendet, sondern geleitet.

Und du bist selbst ein Nebellicht für andere, die gerade im Nebel umherirren und dringend das Licht brauchen. Vielleicht brauchen sie ja gerade dich als kleine Leuchte, die ihnen den Weg zur großen Leuchte zeigt.

Und glaube mir: Zu sehen, wie ein Mensch mehr und mehr erfüllt wird von diesem Licht und strahlt, ist so ziemlich das Schönste, das ich mir vorstellen kann. Denn die Bezeichnung „Nebellicht" entstand im Gespräch (okay, es war via WhatsApp) mit einer Freundin, die für mich ein Nebellicht ist.

Für mich als Pfarrer. Denn ich brauche das. Ich bin kein Superchrist. Alles andere als das. Ich werde Tag für Tag daran erinnert, dass ich es nicht bin, sondern dass ich Fehler mache, falsche Entscheidungen treffe, der Beruf wichtiger zu sein scheint als die Familie und ich den falschen Terminen Priorität einräume, die an anderer Stelle sehr viel wichtiger gewesen wäre.

Und deswegen bin ich so dankbar, dass ich hier über das Nebellicht nicht theoretisch schreibe, sondern es erlebe. Jeden Tag. Denn ich bin mit dem schönsten, größten und hellsten Nebellicht verheiratet. Und das ist so richtig genial! Also das Verheiratetsein auch, ja. Aber auch das Nebelleuchten.

Auf geht's! Lass dich vom großen Licht, von Jesus, erfüllen! Lass dein Licht strahlen – auch für deinen Pastor! Er wird es dir – hoffentlich – danken!

JETZT WIRD'S KONKRET:

Die Möglichkeiten, für die Menschen in deiner Umgebung im Allgemeinen und für deinen Pfarrer im Besonderen als Nebellicht aktiv zu werden, sind unbegrenzt: Du kannst

1. beten,
2. Arbeit abnehmen (oder zumindest keine unnötige aufladen),
3. deinen Pastor mal auf ein Bier einladen (gut, okay, es kann auch alkoholfrei sein),
4. den Babysitter machen, damit er mal einen Abend mit seiner Frau ausgehen kann,
5. und vor allem: Du kannst ganz ehrlich zu ihm sein. In der Regel beißt er nicht. Er verträgt auch ehrliche Kritik, wenn du ihn dadurch zum Leuchtturm, zu Jesus, bringen möchtest, weil du den Eindruck hast, dass er es nötig hat – schließlich hast du seinen Predigten genau zugehört und merkst: Da stimmt was nicht! Aber das ist nicht schlimm. Denn du kannst etwas daran ändern – und dein Pastor wird es dir danken! Das verspreche ich dir! Denn ich kenne diese Spezies „Pastor" sehr, sehr gut und weiß um ihre (geistliche) Not und wie sehr sie sich freut, einfach als Mensch, als Christ wahrgenommen zu werden. Also – leuchte!

Nachwort

Wenn ich Bücher lese, dann überspringe ich meistens die Vorworte. Beim Nachwort ist das anders. Wenn das Buch mich begeistert hat, dann gebe ich dem Autor auch noch die Chance auf ein Nachwort.

Du tust es jetzt gerade auch und dafür bin ich dir sehr, sehr dankbar. Dieses Buch entstand aus einem Artikel, den ich auf meinem Blog www.david-brunner.de veröffentlicht hatte. Nach einigen Monaten meldete sich der Brendow Verlag bei mir und meinte: „Herr Brunner, wir hätten Lust, aus diesem Blogbeitrag ein Buch zu machen. Sie auch?"

Und wie! Ein Buch schreiben. Super. Aber – wie macht man das eigentlich? Das lernt man ja nicht – schon gar nicht, wenn man kein Autor ist, der seine Brötchen mit dem Füllen von Seiten verdient. Aber so nach und nach hat es sich ergeben und nun ist mein erstes Buch fertig. Das ist ein schöner Moment. Für mich zumindest – und für dich war es das hoffentlich auch, wenn du es bis hierher geschafft hast.

Vier Dinge möchte ich in aller Kürze noch loswerden.

1. Es ist nie zu spät, mit Gott zusammen etwas zu tun, was du vielleicht schon längst nicht mehr für möglich gehalten hättest. Ich wollte schon immer mal ein Buch schreiben – aber wusste nie, wie ich das anstellen soll. Und dann ergab sich diese Möglichkeit einfach so. Vertraue Gott! Er hat Großes mit dir vor!

2. Dieses Buch erhebt so was von absolut keinen Anspruch darauf, die Wahrheit zu sein oder von einem Autor zu stammen, der die Weisheit mit Löffeln gegessen hat. Wenn dich dieses Buch inspiriert, freut es mich sehr! Wer mich kennt, der weiß: Ich halte mit meiner Meinung nicht unbedingt hinterm Berg und ich sage die Dinge, wie ich sie sehe. Auf keiner einzigen Seite dieses Buches wollte ich irgendjemandem zu nahe treten. Wenn das der Fall sein sollte, tut es mir aufrichtig leid. Ich hoffe, dass das durch die humorvolle Art meines Schreibens auch deutlich wird.
3. Ein großes Dankeschön an Anja Lerz vom Brendow Verlag. Sie hat mir geschrieben, dieses Projekt ins Rollen gebracht, jede Menge Geduld mit mir gehabt und mich dieses Buch schreiben lassen. Vielen Dank!
4. Der größte Dank geht an meine Familie, vor allem an meine wunderbare Frau Damaris. Irgendwie schafft sie es, mit mir auszukommen und meine manchmal etwas verrückten Ideen auszuhalten. Nicht nur, aber auch dafür liebe ich sie. Sie hat mich bestärkt und gleichzeitig aber auch darauf hingewiesen, dass so ein Buch auch Zeit braucht. Männer, gut aufpassen: Die wirklich tiefen und weiterführenden Wahrheiten sprechen unsere Frauen aus! Hört auf sie! Auch meinen Kindern will ich danken. In ihrem kindlichen Glauben und ihrer kindlichen Art, das Leben zu leben, sind sie mir ein riesengroßes Vorbild. Ich weiß nicht, warum ausgerechnet ich die beste Ehefrau und die besten Kinder dieser Welt habe – aber ich achte sie als ein ganz, ganz großes Geschenk meines Schöpfers ...

ZUM WEITERLESEN

Wer zu einzelnen Themen mehr wissen möchte, dem kann ich die folgenden Bücher wärmstens empfehlen (die Liste ist noch lange nicht vollständig – mehr Tipps gibt es auf www.david-brunner.de zu entdecken!):

Batterson, Mark: Lebe gefährlich. Witten: SCM R. Brockhaus, 2015.

Bonhoeffer, Dietrich: Nachfolge. Herausgegeben von Martin Kuske und Ilse Tödt. Gütersloh: Gütersloher Verlagshaus, 6. Auflage, 2008.

Deere, Jack: Überrascht von der Kraft des Heiligen Geistes. Aßlar: Projektion J, 2004.

Hybels, Bill: Einfach. Aßlar: Gerth Medien, 2015.

Schwarz, Christian A.: Die 3 Farben deiner Gaben. Emmelsbüll-Horsbüll: NCD Media, 2001.